Angelika Pollmächer • Hanni Holthaus

Wenn Menschen mit geistiger Behinderung älter werden

Ein Ratgeber für Angehörige

Mit einem Geleitwort von Henning Scherf

W0220568

Ernst Reinhardt Verlag München Basel

Angelika Pollmächer ist leitende Redakteurin der Zeitschrift L.I.E.S. der Lebenshilfe in München; ihre älteste Tochter kam mit dem Down-Syndrom zur Welt.

Hanni Holthaus ist Dozentin in der Erwachsenenbildung in München; ihr ältester Sohn wurde mit dem Down-Syndrom geboren.

Dieses Buch entstand in Kooperation mit der Bundesvereinigung Lebenshilfe e. V.

Von den Autorinnen im Ernst Reinhardt Verlag außerdem erschienen:

- Holthaus / Pollmächer: Wie geht es weiter? Jugendliche mit einer Behinderung werden erwachsen (ISBN 978-3-497-01933-5)
- Pollmächer / Holthaus: Auf einmal ist alles anders! Wenn Kinder in den ersten Jahren besondere Förderung brauchen (ISBN 978-3-497-01774-4)

Bibliografische Information der Deutschen Nationalbibliothek

Die Deutsche Nationalbibliothek verzeichnet diese Publikation in der Deutschen Nationalbibliografie; detaillierte bibliografische Daten sind im Internet über <http://dnb.d-nb.de> abrufbar.
ISBN 978-3-497-02363-9 (Print)
ISBN 978-3-497-60110-3 (E-Book)

© 2013 by Ernst Reinhardt, GmbH & Co KG, Verlag, München

Dieses Werk, einschließlich aller seiner Teile, ist urheberrechtlich geschützt. Jede Verwertung außerhalb der engen Grenzen des Urheberrechtsgesetzes ist ohne schriftliche Zustimmung der Ernst Reinhardt GmbH & Co KG, München, unzulässig und strafbar. Das gilt insbesondere für Vervielfältigungen, Übersetzungen in andere Sprachen, Mikroverfilmungen und für die Einspeicherung und Verarbeitung in elektronischen Systemen.

Printed in Germany
Covermotiv: © muro – fotolia.com
Satz: Sabine Ufer, Leipzig

Ernst Reinhardt Verlag, Kemnatenstr. 46, D-80639 München
Net: www.reinhardt-verlag.de E-Mail: info@reinhardt-verlag.de

Inhalt

Geleitwort

Es ist eine große Sorge älter gewordener Eltern von erwachsenen Kindern mit Behinderung: Wie geht es mit unseren Söhnen und Töchtern weiter, wenn wir einmal nicht mehr da sind? Oft hilft die ganze Familie, oft helfen die Geschwister. Aber was passiert, wenn die Familie auseinandergerissen ist?

Hier gibt es einen Ratgeber, der die einzelnen Nöte aufnimmt und Wege aufzeigt. Ich begrüße diesen Versuch sehr, Eltern aus ihrer Überforderung herauszuhelfen, ihnen Wege aufzuzeigen, wie es weitergehen kann.

Meine Erfahrung ist, dass zunächst einmal über die Sorgen geredet werden muss. Das kann in Elterngruppen, im Freundeskreis, in den Einrichtungen der Behindertenhilfe geschehen. Dort gibt es Menschen, die in vergleichbaren Lebenslagen ihre Erfahrungen gesammelt haben und weitergeben können. Dort gibt es auch Angebote. Bei uns in Bremen z. B. hat die Lebenshilfe e. V. von Anfang an auf integrierte Wohngemeinschaften gesetzt. Ich lebe in unmittelbarer Nachbarschaft zu mehreren solcher Wohnprojekte und weiß, wie wir uns als Nachbarn gegenseitig vertraut sind und uns stützen.

Dr. Henning Scherf
Bürgermeister a. D. der Hansestadt Bremen

1 Wachsende Ringe

Ich lebe mein Leben in wachsenden Ringen,
die sich über die Dinge ziehn.
Ich werde den letzten vielleicht nicht vollbringen,
aber versuchen will ich ihn.
Rainer Maria Rilke

Jahresringe, an denen man das Alter und den Lebensweg eines Baumes erkennen kann, verraten viel: Trockene Sommer sind da verzeichnet, in denen der Baum Schwierigkeiten hatte, sich zu entwickeln, Jahre des blühenden Wachstums sind zu erkennen. Jeder Baum hat seine individuellen Ringe, unverwechselbar und einzigartig.

Auch wir Menschen haben ganz unterschiedliche Lebensläufe; schmerzliche und freudige Ereignisse haben Spuren und Narben hinterlassen in unseren Gesichtern und in unseren Herzen. Wir sind gewachsen mit unseren guten und schlechten Erfahrungen und Erlebnissen. Ein langer Lebensweg hat uns geprägt, jeden – mit und ohne Behinderung – auf seine Weise. Niemand weiß genau, wann sich der letzte Ring bildet, ob er vollendet werden kann oder unvollständig abbricht. Tröstlich klingt da die ermunternde Aufforderung: „Aber versuchen will ich ihn."

Wie verschiedenartig auch immer die „Lebensringe" der Menschen sind, eine Spur zeigt sich bei allen Angehörigen eines Menschen mit geistiger Behinderung: die lebenslange Beschäftigung mit diesem Thema und die Sorge um und für dieses Familienmitglied. Zu allen Fragen, die jeden bewegen, wenn er älter wird, kommt das Gefühl der Unsicherheit. Ist auch wirklich alles in die richtigen Wege geleitet? Hat man vorgesorgt für die Zeit, in der man selber mehr und mehr und schließlich ganz zurücktreten muss? Angehörige von Menschen mit Behinderung müssen sich nicht nur mit dem eigenen Altern, eventueller Pflegebedürftigkeit und dem Sterben auseinandersetzen. Sie belastet zugleich die Frage, wie sich eine dadurch veränderte Situation auf ihr Kind auswirkt, wie es zurechtkommt, wie alles weitergeht, wenn sie einmal nicht mehr da sind.

Parallel zu ihrem eigenen Älterwerden erleben Eltern, dass ihr Kind die gleiche Entwicklung durchläuft. Menschen mit geistiger Behinderung bewahren sich oft lange ein jugendliches Aussehen, aber der Alterungsprozess setzt häufig früher ein und sie altern manchmal in größerer Geschwindigkeit. Welche Fragen bewegen Eltern und Angehörige, wenn sie erleben, dass für einen Menschen mit Behinderung vermutlich der letzte Ring begonnen hat?

Ist es überhaupt möglich, einen Ring zu „vollenden"? Gehen nicht vielmehr die Ringe ineinander über? Was in einer Lebensphase beginnt, zieht sich durch die nächsten Jahre, gestellte Weichen führen auf einen Weg, der die weiteren Schritte bestimmt.

Und schließlich beginnt der letzte Ring. In vielerlei Hinsicht können wir sicher vorsorgen, Probleme lösen, Zuständigkeiten klären und vorausschauend in die Zukunft planen. Und das können und sollten wir in Angriff nehmen, solange unsere Kräfte dafür ausreichen. Ganz allerdings wird es wohl selten gelingen, einen endgültigen Abschluss zu erreichen, den letzten Ring wirklich zu vollenden – weder für sich selbst noch für die Tochter oder den Sohn. Aber versuchen können wir es.

2 Die Zeit ist reif

> ***Charlotte F.*** *ist seit drei Jahren Rentnerin. Ihre Tochter* ***Sofie****, 42, besucht die Werkstatt für Behinderte und lebt bei ihrer Mutter:*
> *„Als sich bei meiner Tochter die ersten grauen Haare zeigten, haben wir sie noch gezählt und darüber gelacht. Sie hat sich gar nichts daraus gemacht und wäre nie auf die Idee gekommen, sie zu entfernen. Ich war viel schockierter als sie, denn graue Haare schienen mir gar nicht zu ihren manchmal doch noch recht kindlichen Verhaltensweisen zu passen."*

In den ersten Jahrzehnten nach dem Krieg konnte man in Deutschland kaum ältere Menschen mit Behinderung sehen. Nur wenige hatten die Zeit des Nationalsozialismus überlebt. Seither haben Fortschritte sowohl in Medizin und Betreuung als auch in körperlicher und geistiger Förderung dazu beigetragen, dass Menschen mit (geistiger) Behinderung länger leben, dass sie alt werden können. Aber altern sie anders als Menschen ohne Behinderung? Gibt es bei ihnen besondere Kennzeichen? Brauchen sie spezielle Hilfen?

2.1 Alt werden: Welche Anzeichen gibt es?

Runzeln, Falten und graue Haare – auch ein Mensch mit geistiger Behinderung bleibt davon nicht verschont. Die körperliche Kondition lässt zu wünschen übrig, das Tempo wird langsamer. Um sich von Anstrengungen zu erholen, sind längere Ruhepausen nötig, überhaupt fällt es schwerer, lange durchzuhalten. Irgendwann nimmt die Selbstständigkeit ab, Hilfe wird nötig.

Aber wie erkennt man, ob gewisse Eigenarten altersbedingt sind oder ob noch kein Grund zur Sorge besteht? Hängen die kleinen Vergesslichkeiten mit der nachlassenden Gedächtnisleistung zusammen oder waren sie schon immer da? Vielleicht hat man früher nicht darauf geachtet, sie nicht bemerkt? Und die Sturheit der Tochter – handelt es sich da schon um den beginnenden berühmten Altersstarrsinn oder geht einem das Verhalten jetzt mehr auf die Nerven, weil man nicht mehr so viel Geduld hat? Hat sie nur ein paar schlechte Tage oder fangen ihre Kräfte tatsächlich an nachzulassen? Die Übergänge sind fließend, niemand wird von einem auf den anderen Tag alt.

Wann dieser Prozess einsetzt, ist so verschieden wie der Lebensweg jedes Einzelnen. Man sagt, dass Menschen mit geistiger Behinderung früher und schneller altern. Das mag statistisch gesehen stimmen, ist aber absolut nicht hilfreich, wenn wir es mit einer konkreten Person zu tun haben. Selbst wenn Menschen auf die gleiche Weise behindert sind, bringen sie verschiedene Voraussetzungen mit, erleben ihre Veränderungen unterschiedlich und reagieren auf ihre je eigene Weise.

Zu bedenken ist auch, dass sich von frühester Kindheit an Gewohnheiten, Vorlieben und Abneigungen entwickeln, die nicht mit zunehmendem Alter urplötzlich verschwinden. Sie können abnehmen und langsam vergehen, sie können durch mangelnde Unterstützung verkümmern oder sich verstärken und immer mehr ins Zentrum rücken – wie bei Menschen ohne Behinderung auch. Manche Senioren durchwandern noch in hohem Alter die Berge, bei anderen nimmt das Hobby so ausufernde Formen an, dass sie die ganze Familie damit tyrannisieren, wieder andere beginnen ihren Stammbaum zu erforschen, manche ziehen sich zurück und wollen mit der Welt nicht mehr viel zu tun haben. Auch in dieser Hinsicht sind Menschen mit Behinderung keine Ausnahme, nur häufig dadurch eingeschränkt, dass sie vieles nicht allein tun können.

Sabine F. *arbeitet in Hamburg in einer Wohngruppe. Sie erlebte, wie ein Bewohner aufblühte, als er nicht mehr täglich zur Arbeit gehen musste: „Johannes hat es schon immer geliebt, sich im öffentlichen Nahverkehr zu bewegen. Er kannte das U-Bahnnetz auswendig und fuhr alle Strecken, die er brauchte, allein und zuverlässig. Seit er nicht mehr in die Werkstatt geht, hat er daraus sein Hobby gemacht. Er verbringt ganze Tage mit dem Herumfahren und hat seinen Radius erweitert. Jetzt ist er nicht nur im Stadtgebiet unterwegs, es kann passieren, dass er sich im Sommer auf den Weg an die Ostsee macht oder mit dem Regionalzug in eine benachbarte Stadt fährt. Wir freuen uns natürlich mit ihm, dass er so unternehmungslustig ist, aber wir sind auch immer sehr erleichtert, wenn er abends wieder wohlbehalten ankommt."*

Christoph P.*s Schwester hat in der Schule stricken gelernt, inzwischen hat sie dafür eine regelrechte Leidenschaft entwickelt:*
„Ich glaube nicht, dass es in unserer ganzen Verwandtschaft noch jemand gibt, der nicht mit handgestrickten Schals eingedeckt ist. Selbst

meine Freunde sind schon bedacht worden. Steffi ist Rentnerin und kann stundenlang stricken, selbst beim Fernsehen. Ihr Traum ist es, mir einen Pullover zu schenken, aber das kriegt sie allein nicht hin. Anläufe hat sie schon genug unternommen. Eine praktische Folge hat diese Strickpassion: Wir müssen nie darüber nachdenken, was wir ihr schenken können. Wolle in allen Variationen ruft immer Begeisterung hervor."

Es kann also keine Patentrezepte geben, die für z. B. alle Menschen mit Down-Syndrom anwendbar sind. Zu erkennen, wer wann welche Hilfe braucht, was jemand leisten kann und möchte, wie groß sein Bedürfnis nach Bewegung ist und wie groß das nach Ruhe, das alles braucht viel Einfühlungsvermögen, genaues Hinsehen und geduldige Begleitung. Dass die Brille stärker wird, heißt noch nicht, dass jemand nicht mehr arbeiten kann. Ein Hörgerät ist kein Zeichen für einsetzende Senilität und am liebsten jeden Abend Stunden vor dem Fernseher zu verbringen, kann einfach nur ein Zeichen für Entspannung und Faulheit sein. Wenigstens in dieser Hinsicht kann niemand bestreiten, dass Menschen mit geistiger Behinderung ebenso „normal" sind wie alle anderen.

Häufig ändern sich mit zunehmendem Alter die Rollen. Eltern sind nicht mehr diejenigen, die stark sind, die Hilfe leisten können, die geben. Sie sind jetzt selbst auf Unterstützung angewiesen, brauchen ihre Kraft zunehmend mehr für sich und stellen vielleicht sogar Forderungen an ihr Kind.

Brigitte H. *lebt mit ihrem Mann in einem kleinen Reihenhaus. Regelmäßig an einem Wochenende im Monat kommt ihr Sohn* ***Markus****, 58, zu Besuch:*

„Mit vielen Arbeiten warte ich inzwischen, bis das Markus-Wochenende kommt. Getränkekisten tragen, im Garten graben, Sachen in den Keller bringen, alles das schaffen mein Mann und ich nur noch mit Mühe und oft haben wir Rückenschmerzen, wenn wir es dennoch tun. Markus ist dann unser rettender Engel und er ist richtig stolz darauf, dass er etwas kann, was uns schwerfällt."

2.2 Bestandsaufnahme: Vergangenheit – Gegenwart – Zukunft

Um die richtigen Entscheidungen treffen zu können, ist es sinnvoll, den Stand der Dinge zu überdenken. Denn die jetzige Situation beruht auf den vorausgegangenen Schritten und bestimmt den weiteren Weg.

> ***Eva-Marie E.**, Mutter eines 53jährigen Sohnes mit einer eher leichten geistigen Behinderung, ist unzufrieden, weil sie noch immer nicht die richtige Umgebung für **Harald** gefunden hat. Mehrmals wechselte er seinen Wohn- und Arbeitsplatz, aber immer wieder gab es schon nach kurzer Zeit Probleme:*
> *„Als wir dann zum dritten Mal merkten, dass es hier nicht weiterging, habe ich Familienrat gehalten. Das heißt, ich habe meine ganze Familie und einige Freunde – ohne Harald – eingeladen und wir haben uns einen ganzen Nachmittag lang Gedanken gemacht, wie das weiter gehen soll. Dabei kam für mich heraus, dass ich nicht ganz unschuldig an dieser Situation bin. Immer wieder habe ich den Mitarbeitern im Wohnheim und in der Werkstatt zu verstehen gegeben, dass mein Sohn mehr kann als die Mitbewohner bzw. Mitarbeiter und dass das nur niemand erkennt. Jetzt bin ich so weit, diesen Fehler einzusehen und glaube, dass ich mit dieser Haltung schon von Kindheit an auch Harald eine gewisse Unzufriedenheit mitgegeben habe. Mit dieser Erkenntnis kann ich jetzt besser eine geeignete Lösung suchen und auch akzeptieren."*

Was haben wir erlebt?

Da ist zunächst einmal die Geburt, die erste Vermutung oder Gewissheit, dass dieses Kind das Leben total verändern wird. Die Gefühle schwanken zwischen Verzweiflung und Hoffnung, zwischen Mutlosigkeit und Zuversicht. Es ist nicht so einfach, für sich selbst eine klare Linie zu finden. Fragen bestimmen diese Zeit, die nicht zu beantworten sind:

- Wie wird sich mein Kind entwickeln?
- Wie kann ich es fördern?
- Wie wird mein eigenes Leben weitergehen?
- Werde ich schaffen, was auf mich zukommt?
- Werde ich das Beste für mein Kind erreichen können?

Nach dem Wirrwarr der Gefühle in den ersten Jahren beginnen sich die Wogen allmählich zu glätten. Nicht jeder Rückschlag führt zu neuer Niedergeschlagenheit, auch ein überraschender Fortschritt trägt nicht den Glauben in sich, dass das Kind nur ein Spätentwickler sei und sich alles noch „auswachsen“ werde. Frühförderung, Kindergarten, Schule – das Leben spielt sich ein. Ein Gefühl für das Machbare entwickelt sich und man lernt, den Alltag normal zu leben.

Gegen Ende der Schulzeit, wenn das Kind erwachsen und volljährig wird, setzt noch einmal eine Zeit der Unruhe ein. Wieder müssen Weichen gestellt, Informationen eingeholt und Planungen in die Realität umgesetzt werden. Wie auch immer man sich entscheidet in Bezug auf Arbeitsplatz und Wohnen: Die Verantwortung, die auf den Angehörigen lastet, ist gerade zu diesem Zeitpunkt besonders groß. Hinzu kommt die Veränderung des Menschen mit geistiger Behinderung, er ist kein kleines Kind mehr, Rechte und Pflichten eines Erwachsenen stehen ihm zu. Diese Perspektive ist für Eltern oft sehr schwierig, erleben sie doch weiterhin gleichzeitig die Abhängigkeit von Unterstützung und Hilfe, die einen Menschen mit Behinderung sein Leben lang begleitet. Eine erste Rückschau wird vorgenommen, ein Rückblick auf die Kinder- und Jugendjahre, in denen die Grundlagen gelegt wurden, die den weiteren Lebensweg beeinflussen. Auch hier sucht man Antworten auf vielfältige Fragen. Nicht weniger schwierig sind Fragen nach der Zukunft des Sohnes oder der Tochter:

- Habe ich das Richtige getan in den vergangenen Jahren?
- Wie habe ich selbst mich verändert?
- Wie haben sich die Gefühle für mein Kind verändert?
- Wie hat sich mein Kind entwickelt, welche Stärken und Schwächen sind deutlich geworden?
- Womit muss ich mich abfinden, was kann ich erwarten oder erhoffen?
- Wie verschiebt sich der Schwerpunkt vom Fördern zum Begleiten, vom Erziehen zum Loslassen?
- Welche Schritte sind – auch rechtlich gesehen – unbedingt erforderlich?
- Wo soll mein Sohn / meine Tochter arbeiten und wohnen?
- Bin ich bereit, innerlich immer mehr loszulassen und Verantwortung abzugeben?

Haben Eltern die nächsten Schritte vollzogen, wurde gemeinsam entschieden, welcher Arbeitsplatz, welche Wohnform infrage kommen, sind Betreuung und Zuständigkeiten geregelt, folgt normalerweise wieder eine Phase der Entspannung. Sicher gibt es immer etwas zu tun, aber selten werden in dieser Zeit grundlegende Veränderungen vorgenommen, man krempelt nicht alles wieder um, was man mühsam aufgebaut hat. Geschwister, die das Studium schmeißen, Nichten und Neffen, die in wechselnden Partnerschaften leben, sich scheiden lassen oder Kinder bekommen – in diese Turbulenzen werden Eltern von Kindern mit Behinderung nicht so heftig gestoßen. Sicher, auch hier gibt es Liebeskummer und Einsamkeit, Unzufriedenheit mit dem Arbeitsplatz oder den Mitarbeitern in der Wohneinrichtung, Wünsche, die sich nicht erfüllen lassen, Enttäuschungen und hochfliegende Pläne, aber meistens bleibt doch zumindest der äußere Rahmen erhalten. Menschen mit Behinderung machen sich nicht selbstständig auf eine Reise um die Welt für ein Jahr. Gern würden Eltern manch schlaflose Nacht in Kauf nehmen, wenn ihr Kind in der Lage wäre, ein so selbstbestimmtes Leben zu führen, aber im Lauf der Jahre haben sie gelernt zu akzeptieren, dass ihr Kind, auch wenn es erwachsen ist, Unterstützung braucht.

> ***Hedda P.*** *hat vier Kinder. Sauerstoffmangel bei der Geburt führte zu einer mehrfachen Behinderung ihres ältesten Sohnes:*
> *„Jedes Jahr an Patricks Geburtstag denke ich an den Tag vor über 50 Jahren zurück, als er geboren wurde und an die Zeit, als ich von seinem Handicap erfuhr und lernen musste, damit zu leben. Allerdings sind meine Erinnerungen heute anders als früher, weniger emotional. Früher war ich jedes Mal wieder ganz schön aufgewühlt und unterschiedlichste Gefühle kamen hoch, heute bin ich ziemlich gelassen. Es ist so, wie es ist. Vieles war schwierig, vieles aber auch schön. Ich kämpfe nicht mehr, das hat nichts mit Resignation zu tun. Ich habe mich einfach eingelebt in unser Leben."*

Wie ist die aktuelle Situation?

Irgendwann aber fängt das Spiel von Neuem an, das Sorgenkarussell beginnt, sich wieder zu drehen. Die Inhalte der Fragen ähneln sich, ihre Dringlichkeit wird eher stärker, denn niemand weiß, wie viel Zeit ihm noch bleibt. Jetzt macht es sich bezahlt, wenn man einige Probleme rechtzeitig in Angriff genommen hat. Davon hängt es ab, ob man sich mehr oder weniger beschaulich zurücklehnen kann oder ob man noch nicht zur Ruhe kommt. Wie fällt die Bilanz aus?

Fragen für eine Bestandsaufnahme

- Wie viel Hilfe brauche ich selber?
- Wie ist meine Wohnsituation?
- Wie und wo wohnt mein Sohn/meine Tochter?
- Bin ich mit dieser Situation zufrieden?
- Ist die Unterbringung für mein Kind bis an sein Lebensende gesichert?
- Wie steht es um meine Finanzen?
- Wie sind wir bisher mit Alter und Krankheit umgegangen?
- Was habe ich meinem Kind zugemutet/kann ich ihm zumuten an Erfahrungen?
- Wie habe ich uns vorbereitet auf unsere sich verändernden Rollen?
- Wie weit habe ich schon losgelassen? Wie weit habe ich Verantwortung abgegeben?
- Wie selbstständig ist mein Sohn/meine Tochter? Hat er oder sie gelernt, ohne mich fertig zu werden?

Natürlich können Antworten auf diese Fragen nur individuell gegeben werden. Altwerden ist für jeden eine andere Erfahrung, es ist kein Prozess, der für alle Menschen im gleichen Alter mit gleichen Folgen einsetzt.

> ***Helmut L., 78**, hat die gesetzliche Betreuung für seinen Sohn. **Bernhard** lebt in einem Wohnheim der Lebenshilfe, besucht seine Eltern aber sehr häufig an den Wochenenden:*
> *„In den letzten Jahren war ich öfter mal krank und musste auch einige Wochen im Krankenhaus verbringen. Da habe ich gemerkt, wie schwierig das für meinen Sohn ist, für ihn war es immer selbstverständlich, dass ich funktioniere."*

Was muss ich noch bedenken?

Aus der Kenntnis der aktuellen Situation ergeben sich Fragen und Forderungen für die kommende Zeit. Ist alles so geregelt, dass sowohl die Angehörigen als auch der Mensch mit Behinderung zuversichtlich altern können? Sicher kann man niemals alles im Voraus planen, überraschende Krankheiten können das ganze Leben durcheinanderwirbeln, eine unerwartete Erbschaft lässt die finanzielle Situation in rosigerem Licht erscheinen, ein plötzlicher Todesfall verändert alles, die Familiengründung der Geschwister oder deren berufliche Werdegänge schaffen Fakten, mit denen man nicht rechnen konnte. Aber gerade im Hinblick auf solch unvorhersehbare Ereignisse ist es beruhigend, Regelungen getroffen zu haben, die eine solide Basis für diese Lebensphase bilden. Das betrifft zunächst die großen Themenkreise, bei denen rechtliche Grundlagen den Spielraum bestimmen:

- Betreuung
- Wohnen
- Arbeit bzw. Freizeit
- Krankheit, Pflege

Darüber hinaus gibt es aber auch persönliche Fragen, die kein Jurist und kein Amt lösen können:

- Wie ist meine eigene gesundheitliche Situation?
- Wie steht es um meine eigenen Finanzen?
- Wo und wie kann ich meinem Kind noch helfen?
- Welche Pläne habe ich für mein eigenes Leben?
- Welchen Platz hat in diesen Plänen mein Sohn / meine Tochter?
- Wer kümmert sich – außer einer rechtlichen Betreuung – um mein Kind? Gibt es Geschwister, Verwandte, Freunde, die dazu bereit sind? Welche Alternativen gibt es, wenn niemand dafür zur Verfügung steht?
- Wieweit habe ich losgelassen? Bin ich gewillt, mich noch mehr oder sogar ganz zurückzunehmen?
- Sind wir darauf vorbereitet, dass einer von uns irgendwann ohne den anderen auskommen muss?

Es ist eine Gratwanderung, die Angehörige hier vor sich haben. Auf der einen Seite möchte kein Vater, keine Mutter, kein Bruder und keine Schwester seinem Angehörigen Angst einflößen, ihn traurig machen, seinen Lebensmut und seine Lebensfreude beeinträchtigen. Wie kann man die Risiken des Alterns ansprechen – für sich selbst und für die Tochter oder den Sohn mit Behinderung – und ihnen zugleich ihren Schrecken nehmen?

Hilfreich hierfür können folgende Gesichtspunkte sein:

- eine genaue, möglichst neutrale Beobachtung; der einseitige Blick auf Anzeichen des Alterns verzerrt die Sicht
- Erfahrungsaustausch mit anderen Eltern, die im gleichen Prozess stehen oder diesen schon hinter sich haben
- Gespräche mit professionellen Begleitern, die den ihnen anvertrauten Menschen unter anderen Rahmenbedingungen erleben und vielleicht ganz andere Dinge registrieren
- Schritt für Schritt Veränderungen vornehmen: Eine kleine zusätzliche Hilfe kann zunächst ausreichend sein, bevor grundlegende Umstellungen nötig werden.
- die eigenen Erwartungen überprüfen: Geht es wirklich noch um weiteres Lernen und Fördern oder vielmehr um ein Bewahren des Erreichten?
- den Hilfebedarf von professioneller Seite immer wieder überprüfen lassen

2.3 Lebenslinien: Was war wichtig?

Zu diesem Thema gibt es inzwischen viel Literatur und die Wichtigkeit der Beschäftigung mit dem eigenen Lebenslauf und der eigenen Identität steht längst außer Frage. Allerdings richten sich die Bücher und Artikel meistens an Mitarbeiter, an Profis, nicht an die Angehörigen. Aber auch die Familie kann bewahren, was sich im Leben des Sohnes oder der Tochter ereignet hat, was dazu gehört, wenn es um die Entfaltung der Persönlichkeit geht.

Wenn „Biografiearbeit" definiert wird als ein Vorgang, den der betreffende Mensch selbst aktiv mitgestaltet, wäre sie für viele Erwachsene mit geistiger Behinderung von vornherein gar nicht möglich. Gehen wir jedoch davon aus, dass ein Geschehen auch dann sinnvoll ist, wenn das Gegenüber weder aktiv mitmachen noch Verständnis signalisieren kann, steht das Bewahren bestimmter Begebenheiten, Vorlieben und Gefühle jedem Menschen zu.

Das Wissen um die eigene Lebensgeschichte, den familiären Kontext sowie die gesellschaftlichen Bedingungen prägen das Leben eines Menschen. Sowohl negative als auch positive Ereignisse wirken sich auf die Phasen der Kindheit, des Jugend- und Erwachsenenalters aus.

Sie begleiten den Menschen durch sein Leben, bestimmen sein Denken und Wirken, ebenso sein Handeln in den Beziehungen zu anderen. Biografiearbeit bietet sich als Möglichkeit an, den eigenen Lebensweg besser zu verstehen – auch für Menschen mit geistiger Behinderung.

Das in Amerika entwickelte Konzept des *„Life Review" (= Lebensrückschau)* besagt, dass viele Menschen mit zunehmendem Alter den Wunsch verspüren, dem vergangenen Leben einen Sinn zu geben. Im Allgemeinen verleiht die Auseinandersetzung mit der eigenen Vergangenheit persönliche Sicherheit, stärkt das Selbstvertrauen und hilft dabei, sich mit schwierigen Situationen des Älterwerdens auseinanderzusetzen und diese besser zu bewältigen.

Mit dem Alter nimmt das Erinnerungsvermögen ab und oftmals kann somit Biografiearbeit der Schlüssel zu noch vorhandenen Fähigkeiten sein, die es bewusst zu fördern gilt, um sie noch möglichst lange zu erhalten.

Es geht also darum, Bilanz zu ziehen, Ordnung zu schaffen, Belastendes zu verarbeiten und Rechenschaft abzulegen, um sich frei von Bedrückendem zu machen und Geschichten abzuschließen, zu bereinigen. Indem man sich an erfreuliche Erfahrungen erinnert, können neue Kraft und Lebensfreude aktiviert und erhalten werden.

Erfahrungsgemäß haben Menschen mit geistiger Behinderung keine völlig anderen Wünsche. Der Wunsch nach Bilanz, Erinnerung und dem Wissen um die eigene Biografie ist lediglich – wenn auch häufig unbewusst – in unterschiedlich ausgeprägter Form vorhanden.

Alle Personen im Umfeld des alten Menschen mit Behinderung sind aufgerufen, sich an das Mögliche heranzutasten, dem Senioren den richtigen Anstoß zu geben, der ihm entspricht, ihn erreicht. Ziel ist, einen Dialog, und sei er noch so einfach, in Gang zu setzen. Ein Wacherwerden und (wieder) Teilnehmen am Geschehen kann sich auf diese Weise einstellen, wodurch sich die Lebensqualität des Betroffenen ohne Zweifel verbessert.

Grobziele der Biografiearbeit

- Stärkung autobiografischer Kompetenzen, d.h. jemanden befähigen, sich mit der eigenen Vergangenheit auseinanderzusetzen, den Mut zum Erzählen wecken
- Rekonstruktion der Lebensgeschichte des Einzelnen, d.h. einzelne Geschichten sollen wiederbelebt werden, um so ein ganzheitliches Verständnis der eigenen Biografie zu bekommen

▼

- Integration der Lebensgeschichte, d.h. durch positive Verarbeitung können Brüche, Widersprüche und Scheitern zu einer versöhnten Lebensgeschichte reifen; gewonnene Erkenntnisse können so sinnvoll für die Zukunft genutzt werden

Erinnerung anregen

Eltern erinnern sich möglicherweise an einige Begebenheiten aus den ersten Jahren des nun erwachsenen Kindes. Wenn an diese Ereignisse angeknüpft werden kann, springt der Funke der Erinnerung vielleicht über. Einige Anregungen sollen helfen, mit dem Betroffenen in einen Dialog zu kommen, ob verbal, nonverbal, mit visuellen Mitteln, durch Sinneselemente oder durch Berührung:

- Fragen nach **Vorlieben, Antipathien, Schwächen/Stärken, Hobbys, Gefühlen:** Was macht dich froh, worüber ärgerst du dich?
- **Sinneseindrücke:** der Geruch eines besonders beliebten frisch gebackenen Kuchens, duftender Kaffee
- **Urlaubserlebnisse**, von denen wir wissen, dass sie unserem Kind damals besondere Freude gemacht haben: Fotos, Souvenirs, Sand, ...;
- **Gespräche über:** ein Haustier, das jahrelang ein geliebter Begleiter war/noch ist; Kindergarten- und Schulzeit; alle möglichen Geschichten aus der Kindheit, Begebenheiten mit Freunden, Verwandten, Komisches, Trauriges, Heiteres
- **Ehemaliges:** Spielzeug, Musikinstrumente, Bilderbücher
- **Erzeugnisse des eigenen Schaffens:** Gemaltes, Gebasteltes usw
- **Sonstiges:** Kinderlieder, Fingerspiele, Märchen
- **Musik:** Kassetten, Platten, CDs

Die Arbeit an der Biografie des Betroffenen sollte immer von Freiwilligkeit und großer Empathie geprägt sein und frei von jeglicher moralischen Bewertung. Die innere Haltung dem Befragten gegenüber ist entscheidend: Eine konstruktive Einstellung, die von Verstehen und Toleranz bestimmt sein sollte.

Bei Menschen, die nur sehr wenig eingeschränkt sind, ist es kein Problem, die Erinnerungen gemeinsam festzuhalten. Es gibt Fotos vom Urlaub an der Nordsee. Eine Collage mit Bildern und kleinen Texten der Geschwister kann im Zimmer an der Wand hängen. Geschichten, die sich eingeprägt haben, werden immer wieder erzählt.

Viele Menschen mit Behinderung verfügen über ein ausgezeichnetes Langzeitgedächtnis und lenken von selbst gern und oft den Blick in die Vergangenheit.

Schwieriger ist es, wenn Menschen nicht äußern können, woran sie sich entsinnen, was ihnen als angenehm im Gedächtnis geblieben ist. Da sind genaues Hinsehen und auch Fantasie gefragt. Ist es eine CD mit den Stimmen der Familie, die dem Angehörigen gut tut? Der Inhalt spielt eher eine untergeordnete Rolle, denn der Klang stellt die Verbundenheit her. Es kann der Duft von frisch gebackenem Brot sein, weil man über einer Bäckerei gewohnt hat. Berührungen, eine Lieblingslagerung, eine bestimmte Übung zur Basalen Stimulation, die dem Kind wohl getan hat, das alles können Anker sein, an denen sich das Gefühl der eigenen Identität festmacht. Natürlich gibt es zu diesem Zweck viele erprobte Vorschläge, die variiert und weitergedacht werden können:

- Manche Eltern führen von Geburt an eine Art **Tagebuch** – übrigens meistens nicht nur für ihr Kind mit Behinderung – in dem sie über die Jahre hin für sich selbst vermerken, wie sich das Kind entwickelt. Im Fall eines Menschen mit einer Behinderung sind jedoch nicht nur die Daten und Fakten festzuhalten, sondern auch die dazugehörigen Reaktionen und Gefühle.
- Vielleicht haben Sie schon früh ein **„Ich-Buch"/ein „Mein Lebensbuch"** angelegt, das in der Kindheit begonnen, dann parallel zum Heranwachsen weitergeführt und vervollständigt wird. Ein solches Buch kann auch im späteren Alter noch nachträglich zusammengestellt und gemeinsam gestaltet werden. Für Mitarbeiter, die den ihnen anvertrauten Menschen erst kennenlernen müssen, ist das eine unschätzbare Hilfe.
- Bewährt hat sich auch ein **Biografiebogen**, den man vergrößern und im Zimmer aufhängen kann wie eine Wandzeitung. Außer den Fakten gibt ein solcher Bogen auch Aufschluss über Eigenarten, Vorlieben, Verluste und Ängste. Zum Wohl des Menschen mit Behinderung müssen die Angehörigen eine grundsätzliche Offenheit mitbringen und bereit sein, auch negative Erfahrungen mitzuteilen, soweit sie im Zusammenhang mit dem Erwachsenen mit Behinderung stehen. Die gemeinsame Erarbeitung eines solchen Bogens ist für alle Beteiligten ein wichtiger Schritt zur Befreiung von „Altlasten", die letzte Phase des Lebens kann auf dieser Grundlage besser gelingen.

Melanie N. *hat mit den Angehörigen der ihr anvertrauten Menschen Biografiebögen für jeden einzelnen erstellt. Sie findet, dass sich der Zeitaufwand unbedingt gelohnt hat, denn sie kann jetzt viel gezielter auf die einzelnen Bewohner eingehen. Das Schicksal von* ***Mareike****, inzwischen 56 Jahre alt und nicht sehr sprachgewandt, hat sie besonders beeindruckt:*
„Als ich gemeinsam mit Mareike und ihrer Mutter die Fotos der Familienangehörigen zusammenstellte, schob sie das Bild ihres Vaters immer wieder an den äußersten Rand. Alles Zureden der Mutter half nichts. Wir beließen es erst einmal dabei und nahmen uns andere Themen vor. Erst nach mehreren Treffen erfuhr ich von der Mutter, dass der Vater sehr streng gewesen sei, ja eigentlich despotisch. Mareike musste gehorsam sein, Widerspruch oder Nachfragen waren nicht erlaubt. Es ist wohl auch zu körperlicher Züchtigung gekommen, aber darüber wollte die Mutter nicht sprechen. Darüber war von Anfang an ein Schweigegebot verhängt worden, auch für Mareike. Die Mutter versuchte dann, durch verstärkte liebevolle Zuwendung einen Ausgleich zu schaffen und Mareike zu trösten. Daraufhin erkannten meine Mitarbeiter und ich das Muster: Mareike konnte sich nicht wehren, nicht ‚Nein' sagen, besonders, wenn es um Männer ging. Die Versuche unserer männlichen Betreuer, sie unabhängiger zu machen, verwirrten sie total, sie hatte ständig Angst, für eventuellen Widerspruch doch noch bestraft zu werden. Bei den weiblichen Mitarbeiterinnen suchte sie Körperkontakt und brach schnell in Tränen aus. Sie beschwerte sich nie bei uns, wenn überhaupt, dann ganz vorsichtig bei den Mitbewohnern, immer bereit, die Beschwerde sofort wieder zurückzunehmen. Wir haben dann im Team eine Strategie erarbeitet, um dieses Verhalten abzuschwächen, ganz auflösen konnten wir es nicht mehr. Ohne die aktive Mitarbeit der Mutter hätten wir das aber kaum geschafft. Nachdem der Damm einmal gebrochen war, konnte auch die Mutter mit ihrer Tochter anders umgehen. In Mareikes Leben kehrte endlich mehr Ruhe und Zufriedenheit ein."

Biografiebögen eignen sich also hervorragend als Kommunikationshilfe der Angehörigen mit denjenigen Fachkräften, die den Menschen mit geistiger Behinderung begleiten. Diese Bögen können helfen, Reibungspunkte und Missverständnisse zu reduzieren oder gar zu verhindern. Im Internet sind verschiedene Biografiebögen zu finden, die sich zwar vor allem auf die Altenpflege beziehen, aber ohne Schwierigkeiten modifiziert werden können. Beispiel für einen Biografiebogen, der nicht unbedingt verbal formuliert werden muss:

- **Persönliche Daten**
  - Name, Vorname
  - Geburtsdatum, Geburtsort, spätere Wohnorte
  - Name und Beruf der Eltern
  - Geschwister (Anzahl + Name + Lebenssituation)
  - Kindheit, Schulzeit, Arbeitsleben

- **Vorlieben, Gewohnheiten, Abneigungen**
  - religiöse Befindlichkeit
  - Essen, Trinken
  - Kleidung
  - Farben, Gerüche, Düfte
  - Musik, Tanz
  - Körperpflege
  - Schlafgewohnheiten
  - Tagesablauf
  - Interessen

- **Verhaltensweisen**
  - Morgenmensch oder Abendmensch
  - introvertiert oder extrovertiert
  - lebhaft oder ruhig, ängstlich oder mutig, ordnungsliebend
  - Besonderheiten

- **Lebenseinstellung**
  - positiv oder negativ

- **Kommunikation**
  - ist gern in Gesellschaft
  - zieht sich gern zurück
  - verträgt (keine) großen Menschenansammlungen
  - großer Freundeskreis oder kleiner Freundeskreis oder keine Freunde

Manchen Menschen mit geistiger Behinderung fehlen aber aus den verschiedensten Gründen zum Teil oder ganz Aufzeichnungen dieser Art. Dennoch brauchen wir auf Biografiearbeit nicht zu verzichten und sollten es auch nicht. Dazu hat sie einen zu hohen Stellenwert für die Lebensqualität jedes Menschen, also auch des Menschen mit Behinderung. Biografiearbeit mit einem Menschen mit eingeschränkten intellektuellen Möglichkeiten durchzuführen ist keine leichte Aufgabe.

Auf jeden Fall sind hier Einfallsreichtum, Einfühlungsvermögen und Wissen um den Menschen mit Behinderung gefragt, damit ein Weg zu ihm gelingen kann.

> ***Lucia und Carlo M.*** *kommen aus Italien. Jedes Jahr haben sie mit ihren Kindern Urlaub am Meer gemacht. Ihr Sohn* ***Roberto****, inzwischen* ***55*** *und mehrfach behindert, verbrachte als Kind und Jugendlicher auch ohne seine Eltern viel Zeit in der italienischen Großfamilie, in der sich alle liebevoll um ihn kümmerten. Lucia erzählt von ihrem Versuch, diese Zeit für Roberto immer wieder erfahrbar zu machen:*
> *„Als wir das erste Enkelkind bekamen, haben wir einen großen Sandkasten im Garten gebaut. Eines Tages kam ich auf die Idee, Roberto an einem schönen Sommertag hineinzusetzen. Zuerst reagierte er gar nicht, aber dann fing er an, mit dem Sand zu spielen, ihn durch seine Hände rieseln zu lassen. Ich konnte ihn ja nicht fragen, aber ich hatte das Gefühl, als würde er sich an die warmen Tage in Italien erinnern, wo er auch inmitten der anderen Kinder im Sand gesessen hat."*

Manchmal ist die Einschränkung eines Menschen so stark, dass Biografiearbeit mit ihm nicht wirklich möglich ist.

> ***Gesine M.*** *hat eine 24-jährige Tochter mit Schwerstbehinderung. Seit die vielen langen und kräftezehrenden Anfälle ihrer Tochter* ***Carola*** *sich häufen und die Medikamente weniger wirksam werden, ist sich Gesine bewusst, dass sie ihre Tochter nur noch für eine begrenzte Zeit bei sich haben wird, obwohl Carola eigentlich noch „jung" ist:*
> *„Bei meiner Carola ist nicht festzustellen, ob sie sich erinnert und wenn ja, woran. Sie kann nichts festhalten, sieht nur sehr schlecht und kann sich nicht aus eigener Kraft bewegen. Wir haben deshalb für sie eine ‚Lebenskiste' angelegt, in der wir alles sammeln, was in ihrem Leben bedeutsam gewesen ist, angefangen von dem Bändchen, das ihr nach der Geburt ums Handgelenk gewickelt wurde, bis zu den Arztberichten und Zeugnissen. Beim Umzug in ein Wohnpflegeheim haben wir diese Kiste mit den Betreuern zusammen durchforstet. Aber wir haben keine Chance, mit Carola diese Dinge zu betrachten. Biografiearbeit kann ich nur für mich und mit den Mitarbeitern machen. Allerdings hoffe ich, dass die Betreuer Carola dadurch besser wahrnehmen. Wir als Eltern können feststellen, ob sie sich wohlfühlt, ob sie sich freut, traurig ist oder Angst hat, aber das gilt immer nur für den jeweiligen Moment. Schon als Kleinkind ist sie häufig völlig unmotiviert in bitterliches verzweifeltes Weinen ausgebrochen und wir wissen nicht*

warum. Wir haben uns intensiv den Kopf zerbrochen, aber wir können weder ein situationsbedingtes Muster erkennen noch zugrundeliegende Erlebnisse. Diese schreckliche Traurigkeit, die dann aus ihr hervorbricht, ist für uns unerklärlich. Es ist auch sehr schwer, sie in einer solchen Phase zu beruhigen und zu trösten."

Wirkung von Biografiearbeit

Biografiearbeit kann schwierige Lebensereignisse nicht ungeschehen machen. Sie kann aber als Arbeitsmethode das Gespräch darüber erleichtern und die Bewältigung unterstützen.

Sowohl positive als auch negative Ereignisse können die emotionale Ebene des Erinnerns anregen. Die biografische Arbeit auf der kognitiven Ebene, soweit das eben intellektuell möglich ist, bedeutet Stärkung des Erinnerungsvermögens und Erweiterung der Ressourcen. Selbstverständlich spielt die soziale Ebene auch eine wichtige Rolle: Das Erinnern an frühere oder derzeitige Freundschaften erleichtert die Erhaltung von Kontakten und fördert das Knüpfen neuer Beziehungen, beispielsweise bei einem Wechsel in ein anderes Umfeld wie Wohngruppe und Werkstatt. Das biografische Arbeiten mit Menschen in hohem Alter – ob mit Behinderung oder nicht – besteht darin, sich ihrer anzunehmen, zuzuhören, Interesse und Neugier an ihrer Person zum Ausdruck zu bringen und schließlich beim Auftauchen schmerzlicher Erinnerungen für sie da zu sein.

Es zeigt sich immer wieder, dass nach der im Dialog erfolgten Erinnerung an eine bestimmte Phase, besonders wenn sie schmerzhaft war, eine wohltuende Ausgeglichenheit beim Betroffenen festzustellen ist. Ebenso taucht nach längerer Biografiearbeit ein neues Selbstbewusstsein auf, das mit großer Zufriedenheit einhergeht.

Durch Scheidung von ***Paulas Eltern*** *war es notwendig geworden, dass sie im Alter von sechs Jahren in eine stationäre Einrichtung gebracht wurde: Genau die beiden Menschen, an denen sie besonders hing, die sie so sehr liebte, waren von einem Moment zum anderen nicht mehr da. Ihre bis dahin glückliche erste Kinderzeit bekam einen ungeheuren schmerzhaften Riss. Mama/Papa holten sie am Morgen nicht mehr aus dem Bett, sangen kein Gutenachtlied mehr für sie ganz allein, gingen nicht mehr mit ihr zum heiß begehrten Sandkasten oder ins Schwimmbad usw. Es war in der Folgezeit mehr als deutlich, wie dieses traumatisierende Ereignis Paula bis hin zur Apathie veränderte. Bei*

einem springlebendigen, temperamentvollen Wesen, wie sie es bis dahin war, eine besonders augenscheinliche und auch für die Mutter außerordentlich qualvolle Beobachtung.
Sehr viele Jahre später – Paula war schon erwachsen – kam es zwischen Mutter und Tochter zu einem langen, intensiven Gespräch über genau diese schlimme Zeit. Annemarie W. beschönigte dabei nichts, nannte alles Beschwerliche beim Namen und ließ aber andererseits ihre Tochter erzählen, wie sie diese Zeit erlebt hat. Alle relevanten Aspekte wurden von der Mutter angesprochen, um sie Paula nachvollziehbarer zu machen, aber vor allem auch ihre – Paulas – Erinnerung zu befördern. Die Absicht ging auf. Annemarie W. hält es für einen besonderen Glücksfall, dass diese Aussprache direkt mit ihr stattfand, der Mutter, die seinerzeit dieses Unglück bei Paula durch ihr Verschwinden verursacht hatte.
Irgendwann lagen sich die Frauen weinend in den Armen. Es war zwischen ihnen eine besondere Nähe entstanden, die beide sehr berührte. Deutlich war außerdem, welche Erleichterung es für Paula war, all diese Dinge einmal ausgesprochen zu haben und – was sehr wichtig war – ihr damaliges Leid von der Mutter gewürdigt zu sehen.

Verschwiegen soll nicht werden, dass es auch traumatisierende Erlebnisse gibt, die sich während einer Biografiearbeit Bahn brechen und womöglich nicht mehr aufgefangen werden können. Es gilt, eine Gefahr der Retraumatisierung zu verhindern. In solchen Fällen ist es ratsam, sich und dem Betroffenen durch fachkompetente Supervision helfen zu lassen.

Gerade im Prozess des Alterns oder bei einem durch stärkere Pflegebedürftigkeit bedingten Umzug beinhaltet das Ergebnis von Biografiearbeit viele wesentliche Informationen für die Pflegenden und die Betreuer. Diese können den Betroffenen bei der Bewältigung des Alltags besser begleiten, wenn sie um seine Bedürfnisse, Stärken, Schwächen wissen.

Ziel jeder Betreuungsarbeit ist, bisher erreichte Selbstständigkeit zu gewähren, zu erhalten und zu unterstützen. Dazu ist es außerordentlich hilfreich, die Lebensgeschichte des Einzelnen zu kennen.

Zu Beginn eines Betreuungswechsels kann angeregt werden, mit Angehörigen und dem Team einen Biografiebogen auszufüllen, in dem eine Sammlung an Informationen niedergelegt wird. Ein daraus möglich werdender individueller Umgang mit dem Betreuten trägt entscheidend dazu bei, Vertrauen zu bilden und ein besseres Wohlbefinden bei dem Menschen mit Behinderung herzustellen.

Allerdings muss auch befürchtet werden, dass die Biografiearbeit nicht mehr weitergeführt wird, wenn der Mensch mit Behinderung in einer Einrichtung lebt, da ein niedriger Personalschlüssel und die hohe Arbeitsbelastung dies oft verhindern.

Dipl.Päd. Dr. Christian Lindmeier ist Professor für Sonderpädagogik an der Universität Koblenz-Landau. Er sieht Biografiearbeit mit Menschen mit geistiger Behinderung als eine notwendige pädagogische Würdigung und ebenso als Herausforderung für die Professionalisierung der Pädagogik in diesem Bereich. Prof. Lindmeier und sein Autorenteam haben in ihrem Buch (Biografiearbeit mit geistig behinderten Menschen – Ein Praxisbuch für Einzel- und Gruppenarbeit, Juventa Verlag 2008) bereits bekannte Methoden für die Arbeit mit Menschen mit geistiger Behinderung modifiziert. Es entstand eine Sammlung, die in der Praxis bereits erprobt wurde. Darüber hinaus sind auch selbst entwickelte Methoden beschrieben.

3 Altersgerecht leben

> ***Georg Sch.*** *ist 43 Jahre alt. Er arbeitet in einer Werkstatt und lebt im Haushalt seiner Eltern:*
> *„Ich mag gern Mama und Papa. Mama kocht gut, manchmal am Wochenende Lieblingsessen. Mit Papa Fernsehen schauen, am liebsten Fußball. Bruder kommt zu Besuch, macht viel Spaß. Will zu Hause bleiben."*

Für Familien mit Angehörigen mit einer geistigen Behinderung hat sich im Lauf der Zeit vieles eingespielt. Dennoch stellt sich gerade älteren Eltern wieder neu die Frage nach einem geeigneten Wohnumfeld für den Sohn oder die Tochter mit Behinderung. Natürlich sind in diesem Zusammenhang nicht nur die eigenen Wünsche und Vorstellungen ausschlaggebend, sondern auch finanzielle Bedingungen sowie die Gegebenheiten vor Ort. Denn „Wohnen" bedeutet weitaus mehr, als nur ein Dach über dem Kopf zu haben und vier Wände um sich herum. Es ist nicht nur eine Adresse, sondern ein Ort, an dem man zu Hause ist, ein Ort der Sicherheit und Geborgenheit, an dem man sein darf, wie man ist. Daheim – das ist das Haus, in dem die Familie lebt, aber es ist auch die Familie selbst, es sind die Erinnerungen und Hoffnungen. Hier lernt man, was später das eigene Leben bestimmt, negative und positive Gefühle entstehen und müssen bewältigt werden. Dieses Zuhause mit den vertrauten Angehörigen ist der Fixpunkt, von dem aus die ersten Schritte nach draußen führen, das man zwar immer öfter verlässt, zu dem man aber auch immer wieder zurückkehrt. Für Menschen mit geistiger Behinderung, die sich nicht selbstständig ein eigenes neues Zuhause schaffen können, ist dieser Ort besonders bedeutsam.

3.1 In der Familie wohnen

***Bernadette M.**, deren Sohn mit Down-Syndrom jetzt 57 ist, erinnert sich: „Als mein Sohn noch ganz klein war, habe ich einmal im Fernsehen einen Bericht über einen erwachsenen Mann mit Down-Syndrom gesehen. Damals gab es ja noch nicht so viel Aufklärung und die Stellung von Menschen mit Behinderung in der Gesellschaft war ziemlich schwierig. In diesem Bericht saßen die – für mich uralten – Eltern mit ihrem – für mich uralten – Sohn jeden Abend zusammen im Wohnzimmer. Sie spielten Mensch-ärgere-dich-nicht, sahen nach dem Abendessen fern oder schauten sich zusammen Fotoalben aus der Kindheit an. Es war für mich eine schreckliche Vorstellung, dass wir unseren Lebensabend so verbringen würden, deshalb habe ich mich immer bemüht, meinen Sohn bei allem zu unterstützen, was an Angeboten für ihn wahrzunehmen war. Er besucht regelmäßig einen Freizeitclub, geht einmal in der Woche allein ins Schwimmbad, wo man ihn inzwischen gut kennt, fährt in den Ferien ohne uns weg und besucht am Wochenende seine Freundin. So haben wir alle unseren Freiraum und fühlen uns wohl miteinander."*

Flächendeckende Untersuchungen gibt es nicht, aber regionale Erhebungen z.B. bei Werkstattgängern kommen zu dem Ergebnis, dass etwa die Hälfte aller erwachsenen Menschen mit geistiger Behinderung in ihrer Herkunftsfamilie lebt. Die Umwelt reagiert darauf oft mit Unverständnis, man glaubt, Eltern müssten froh sein, wenn sie die Last, die die Versorgung ihres Kindes mit sich bringt, endlich loswerden. Andererseits gibt es noch immer die Vorstellung, dass eine Familie für alles zuständig ist, was in ihr an Wechselfällen des Schicksals passiert.

***Robert M.** ist seit seiner Geburt durch Sauerstoffmangel geistig behindert, körperlich aber völlig fit. Mit 58 Jahren lebt er noch bei seinen Eltern. **Roberts Mutter** muss sich schon seit Langem mit den immer gleichen Reaktionen anderer Menschen auseinandersetzen:*
„Wenn jemand hört, dass Robert noch bei uns lebt, gibt es vor allem zwei Reaktionen. Entweder Bewunderung (‚Toll, dass ihr das schafft. Ein Kind gehört doch zu seinen Eltern.') oder Unverständnis und Vorwürfe (‚Wollt ihr ihn denn nicht endlich mal loslassen? Was ist, wenn ihr mal nicht mehr könnt?'). Ich finde beides nicht sehr hilfreich. Natürlich machen wir uns auch Gedanken über die Zukunft, aber im Moment finden wir es gut so, wie es ist. Und Robert mag überhaupt nichts davon hören, dass er uns verlassen soll."

Und selbst wenn die Eltern bereit sind für eine Ablösung und Trennung, ist es schwierig einen geeigneten Wohnplatz zu finden. Der Aufbau von Hilfsangeboten ist mit der jeweiligen Nachfrage gewachsen: Zunächst waren es Frühförderung, Kindergärten und Schulen, die gebraucht wurden, dann Arbeitsplätze und Wohnmöglichkeiten für die erwachsen werdenden Menschen mit Behinderung. Über die Versorgung im Alter wird zwar schon seit geraumer Zeit diskutiert, aber ausreichende Lösungen stehen noch längst nicht flächendeckend zur Verfügung. In den Augen vieler Eltern fehlen entsprechende Versorgungsalternativen. Die Unsicherheit und das schlechte Gewissen, wenn man sein Kind – egal in welchem Alter – „weggibt", lassen sich nur beschwichtigen, wenn man das Gefühl hat, das Kind könne an genau diesem Platz glücklich oder zumindest zufrieden leben. Aber maßgeschneiderte Angebote gibt es nicht und manchmal hat man keine sehr große Auswahl, wenn es z. B. am Ort nur ein einziges Wohnheim gibt oder wenn die eventuell passende Einrichtung sehr weit vom Wohnort der Familie entfernt ist.

Gerade betagte Eltern haben häufig noch das abschreckende Bild vor sich, das große Behinderteneinrichtungen früher boten. Mehrbettzimmer und strenge Regeln bestimmten dort das Leben. Sie wünschen sich für ihre erwachsenen Kinder kleine familienähnliche Gemeinschaften, in denen es möglichst nur sympathische, unkomplizierte Mitbewohner gibt. Solche Plätze aber sind schwer zu finden. Die Vorstellung, intensiv suchen zu müssen oder selbst in mühseligem Einsatz eine neue Wohngemeinschaft ins Leben zu rufen, überfordert besonders ältere Eltern. Diese Situation demotiviert viele zusätzlich, einen Umzug ernsthaft in Erwägung zu ziehen. Die Entscheidung für oder gegen einen Auszug liegt also nur zum Teil in der innerfamiliären Struktur.

Daraus ergibt sich ein weiteres Problem: Wer hilft den betagten Eltern bei der Suche nach einem neuen Lebensmittelpunkt für ihren Sohn oder ihre Tochter? Viele Wohneinrichtungen bauen zwar inzwischen Seniorengruppen auf, aber zunächst einmal werden dort die Menschen aufgenommen, die schon in der Einrichtung leben, für die man sich verantwortlich fühlt. Für Neuzugänge gibt es umso weniger Plätze, je älter die Bewerber sind. Erscheint es da nicht einfacher, gemeinsam alt zu werden in der Hoffnung, dass sich eventuell auftretende Probleme dann von Fall zu Fall lösen lassen?

Gerade für Menschen mit Behinderung spielt die Herkunftsfamilie eine große Rolle. Sie brauchen Unterstützung und Begleitung, können sich selbstständig kaum andere Orte suchen, an denen sie sich wohlfühlen. Sie sind darauf angewiesen, dass ihre Angehörigen für sie da sind und sie mit allen ihren Einschränkungen akzeptieren. Die Mitglieder der Familie sind ihre wichtigsten Bezugspersonen, manchmal sogar die einzigen. Wer kann es Eltern verübeln, dass sie ihren Söhnen und Töchtern diese Geborgenheit möglichst lange erhalten wollen? Wer kann es einem Menschen mit Behinderung verdenken, dass er das Nest nicht verlassen möchte, vor allem, wenn er gar nicht abschätzen kann, welche Alternativen es sonst noch gibt und wenn er keine selbstständigen Experimente machen kann?

Es hat den Anschein, als würde die Generation der Eltern, die noch die schweren Zeiten miterlebt hat, in denen es für Menschen mit Hilfebedarf nur wenige Angebote gab, die Trennung schwerer bewältigen. Wer sich daran gewöhnt hat, dass der Kampf für das Kind ein wesentlicher Bestandteil seines Lebens ist, kann dieses Kind nicht ohne Weiteres ziehen lassen. Ein Kind, um das man sich intensiv kümmern muss, verstärkt häufig die Orientierung auf die Familie und das prägt die Entscheidungen für den weiteren Verlauf des Lebens.

Auch die Angst vor der Bürokratie hindert Eltern häufig, die Situation zu verändern. Nachdem sie ihr Kind mehrere Jahrzehnte versorgt haben, fehlt oft die Kraft, Ansprüche gegenüber den Behörden durchzusetzen. Das Gefühl, als Bittsteller angesehen zu werden, hält viele bereits von der Antragstellung ab. So werden z. B. Gelder wie Grundsicherung, Pflegegeld etc. oft nicht abgerufen. Und ein wirkliches „Recht" auf einen geeigneten Wohnplatz, das im Gesetz oder entsprechenden Verordnungen festgeschrieben ist, gibt es nicht.

Manchmal berichten Eltern, vor allem alleinstehende Mütter, dass sie ihren Sohn oder ihre Tochter aus finanziellen Gründen nicht ausziehen lassen können. Grundsicherung, Pflegegeld und eine (oft geringe) Rente lassen aus ihrer Sicht keine andere Möglichkeit zu. Sie würden die Wohnung verlieren, in der sie seit 40 Jahren leben und wären dem Armutsrisiko ausgesetzt. Unüberwindbare Hürden tun sich auf bei der Lösung dieses Problems.

Auch innerfamiliäre Konstellationen spielen eine Rolle. Nicht immer herrscht Einigkeit zwischen den Ehepartnern, was die Zukunft betrifft. Erstaunlicherweise sind es häufig sogar die Väter, die darauf bestehen, dass der Sohn zu Hause bleibt, dass die Tochter weiterhin bei ihnen lebt. Obwohl normalerweise die Mütter über die Jahrzehnte hin die Hauptlast der Versorgung tragen, wollen die Väter nicht loslassen. Vielleicht erleichtert es ihnen den Übergang in den Ruhestand, wenn sie Aufgaben weiterführen, die sie übernommen hatten, z. B. gemeinsames regelmäßiges Schwimmen oder Unternehmungen am Wochenende. Gerade in der Generation der betagten Eltern war es oft üblich, dass die

Väter beruflich eingebunden waren und die Mütter die Verantwortung für Kinder und Familie übernahmen. Eventuell können sich die Frauen eher vorstellen, jetzt allmählich etwas mehr Freiraum zu gewinnen, während die Väter nachholen wollen, was sie über Jahrzehnte nicht erleben konnten. Auch hier gibt es keine statistisch erhärteten Zahlen, aber immer wieder beklagen ältere Frauen, dass sie ja bereit wären, einen Wohnplatz zu suchen, wenn nur ihr Mann mitspielen würde.

Bei dem Wort „Familie“ erscheint vor dem inneren Auge meist ein Idealbild, wie es früher in den Lesefibeln zu finden war. Natürlich gibt es diese Bilderbuchfamilien, aber nicht überall herrscht Harmonie – zwischen Eltern bestehen Spannungen oder sie trennen sich, die Geschwister streiten miteinander oder mit den Eltern. Kinder müssen mit diesen verzwickten Beziehungen fertig werden, sie entwickeln eigene Konfliktstrategien, gehen außer Haus, haben zusätzliche Gesprächspartner, Freunde und z.B. Interessengruppen wie Sportverbände, Schulchor oder Internetspiele. Wenn man nicht selbstständig ist und diese Möglichkeiten entfallen, muss man seine Rolle in der Familie finden oder die zugeteilte Rolle akzeptieren, egal welche Konstellationen dort bestimmend sind.

***Sven** (43) **und Inga** (40) haben beide sehr früh ihr Elternhaus verlassen. Sie haben eine ältere Schwester mit geistiger Behinderung. Beide haben inzwischen eigene Kinder. Sven hat sich viele Gedanken über seine Kindheit gemacht:*
„Bei uns zu Hause herrschte immer irgendwie dicke Luft, meine Eltern haben sich einfach nicht verstanden. Nachdem Lotta, meine ältere Schwester geboren war, galt für sie wohl die Verantwortung und Verpflichtung diesem Mädchen gegenüber als bindend, sie hätten sich allein deshalb niemals getrennt. Dann kamen wir zwei und damit musste die Familie zusammengehalten werden, koste es, was es wolle.“

***Inga** schildert ihre Sicht der Dinge:*
„Gespräche zwischen meinen Eltern drehten sich hauptsächlich um Lotta. Sonst hatten sie einander nicht mehr viel zu sagen. Mein Bruder und ich sind so oft es ging zu Freunden geflüchtet, da konnten wir unbeschwert sein und mit den anderen lachen. Wir haben unser Elternhaus früh verlassen. Lotta konnte das nicht. Sie fungiert auch heute noch als eine Art Katalysator. Ich glaube, meine Eltern würden in ein Loch fallen, wenn sie Lotta nicht mehr hätten. Sie ist das Verbindungsglied zwischen den beiden und Vater und Mutter tun alles, um ihr das Leben so schön wie möglich zu machen.“

Weitgehend herrscht die Vorstellung, dass Eltern ihren mittlerweile erwachsenen Töchtern oder Söhnen keine Luft zum Atmen lassen, dass sie ihnen keine Chance geben, ihr eigenes Leben zu leben. Das kommt sicher vor, muss aber nicht zwangsläufig so sein. Aus dem Gefühl von Geborgenheit und Umsorgt-sein kann eine Kraft entstehen, die Selbstbewusstsein und Vertrauen ins Leben stärkt. Aus eigener Erfahrung wissen Eltern meist, wie schmerzlich Einsamkeit ist. Diese Gefahr scheint eher in einer institutionalisierten Wohnform zu bestehen als in der Familie.

Viele Väter und Mütter unterstützen ausdrücklich das Bedürfnis, neben der Familie außerhäusliche Aktivitäten wahrzunehmen, empfinden es als Entlastung, wenn der Sohn an einer Freizeitmaßnahme teilnimmt oder die Tochter mit anderen Ferien macht.

Herr und Frau D. *sind nach der Pensionierung des Vaters in das kleine Dorf zurückgezogen, in dem sie aufgewachsen sind.* ***Martin*** *ist ihr einziges Kind, er ist 45 Jahre alt und arbeitet tagsüber in der Werkstatt im Nachbarort. Ilona D. beschreibt ihren Alltag:*
„Sicher dreht sich bei uns alles um Martin. Wir haben ja nur dieses eine Kind. Wir haben hier auf dem Land ein Haus gebaut mit einer Einliegerwohnung für ihn. Das Haus wird meine Cousine erben, die sich dafür um Martin kümmern soll. Hier im Dorf kennt uns jeder und Martin ist bei den meisten willkommen. Wir nehmen an allen Ereignissen im Dorfleben teil, sind in der Kirchengemeinde aktiv und nutzen die Sportangebote – bei vielem kann auch Martin mitmachen. Wenn er Lust hat, kann er Freunde aus der Werkstatt einladen, ich koche dann für alle, ich habe ja Zeit genug. Manchmal machen wir einen Grillabend, das ist auch für die Bewohner des Wohnheims in der Nähe immer ein großer Spaß. Solange es mir gesundheitlich so gut geht, sind wir total zufrieden mit dieser Lösung."

Problematisch wird die Lage, wenn Eltern älter werden, nicht mehr können und zunehmend selbst mehr Unterstützung brauchen, wenn die gewachsenen Familienkonstellationen und Netzwerke brüchig werden. Das Netzwerk aufzulösen ist schwierig und schmerzhaft. Die gemeinsame Biografie schweißt zusammen und der Ablöseprozess fällt meist umso schwerer, je länger man sich aufeinander eingestellt hat. Ein Leben ohne einander ist kaum noch vorstellbar. Besonders schwierig ist es, wenn ein Elternteil verstirbt. Manchmal ist das der Zeitpunkt, wo ein Verbleib im Elternhaus beendet wird, aber häufig bekommt die Bindung zwischen den beiden Angehörigen, die jetzt nur noch einander haben, eine noch stärkere Bedeutung, die Angst vor Alleinsein und Einsamkeit beherrscht die Gefühle.

> ***Anna S.*** *hat mit Mann und Sohn* ***Sören*** *in einem Eigenheim gelebt. Vor drei Jahren verstarb ihr Mann, seither lebt sie allein mit ihrem Sohn zusammen:*
> *„Ich kann mir gar nicht vorstellen, wie es ist, wenn ich in ein leeres Haus zurückkomme. Sicher, tagsüber ist Sören in der Werkstatt, aber es ist ein ganz anderes Gefühl, zu wissen, dass noch jemand hier lebt. Meine Familie war für mich immer das Wichtigste und ich glaube, ich würde es ganz allein nicht aushalten. Vielleicht, wenn ich einmal wirklich nicht mehr anders kann und selbst in ein Alten- oder Pflegeheim gehen muss."*

Im schlimmsten Fall kann die scheinbar ausweglose Situation zu schwersten Depressionen führen, bis hin zu Verzweiflungstaten.

> ***Maria S.*** *und ihr Mann* ***Helmut*** *sind 79 bzw. 80 Jahre alt, ihr Sohn* ***Johannes,*** *55, hat immer bei seinen Eltern gelebt. Seit ihr Mann einen Schlaganfall hatte, ist das Leben für Maria sehr beschwerlich, obwohl Johannes sich bemüht zu helfen, wo er kann. Maria will sich eine Trennung nicht vorstellen:*
> *„Wir überlegen ab und zu mal, ob wir uns nicht gemeinsam in ein Altersheim begeben oder sowas wie eine betreute Wohnung für uns drei finden. Manchmal habe ich ganz rabenschwarze Gedanken und grüble darüber nach, ob wir nicht zusammen in den Tod gehen sollen, wenn es hier zu Hause gar nicht mehr geht. Johannes sagt immer wieder, dass er bei uns bleiben möchte und ich möchte Johannes nicht allein zurücklassen. Wie soll er sich denn zurechtfinden?"*

> ***Lutz und Jochen*** *sind Freunde und arbeiten seit ihrem Schulabschluss in der selben Werkstatt.* ***Jochens Mutter*** *hat erlebt, wie sich für Lutz die Welt veränderte – mit einem überraschenden Ergebnis:*
> *„Lutz' Eltern waren beide schon über 80 und redeten immer mal wieder davon, dass es jetzt an der Zeit sei, vorzusorgen für die Zeit, in der sie nicht mehr für Lutz da sein könnten. Sie suchten herum, aber immer, wenn ihnen ein Platz angeboten wurde, verschoben sie die Entscheidung. Lutz drehte völlig durch, wenn das Gespräch auf dieses Thema kam, er drohte damit, sich umzubringen, wenn Mama und Papa ihn rausschmeißen würden. Aktivitäten außer Haus, Kurzzeitaufenthalte in einem kleinen Wohnheim machte er gerne mit, aber dann wollte er*

immer wieder zurückkehren in den Schoß der Familie. Kurz nacheinander wurden dann seine Eltern so krank, dass beide in ein Pflegeheim überwechseln mussten. Für Lutz wurde eilig ein Platz gefunden. Die drei Unzertrennlichen sehen sich heute kaum noch, keiner von ihnen kann den Weg allein bewältigen. Lange hatten sie eine Einheit gebildet und jetzt scheint jeder zufrieden mit der Trennung, sie verlangen nicht nacheinander. Es ist, als hätten sie ein Kapitel ihres Lebens einfach abgeschlossen und die nächste Seite im Buch des Lebens aufgeschlagen."
Lutz´ Vater sagt darüber: „Wir sprechen über ihn, aber wir vermissen ihn nicht. Das ist jetzt halt mal so! Es gibt immer noch Schlimmeres."

Üblicherweise machen sich junge Menschen selbstständig und gründen spätestens Anfang 20 ihren eigenen Haushalt. Es gibt wohl kaum noch Kulturen, wo der einzige Grund, das elterliche Haus zu verlassen, die eigene Heirat ist. Die Zeiten sind längst vorbei und die unverheiratete Tante, die im Haushalt des Bruders leben muss, trifft man nur noch selten. Berufstätigkeit und unterschiedlichste Wohn- und Lebensformen ermöglichen es, dass junge Menschen ihre eigenen Wege gehen. Häufig kehrt sich diese Situation später wieder um: Man nimmt den pflegebedürftigen Vater in die eigene Familie auf oder zieht zurück ins Elternhaus, das inzwischen für die alleinstehende Mutter viel zu groß geworden ist. Im Leben von Erwachsenen mit Behinderung fehlt diese „normale" Phase der Unabhängigkeit meistens. Aber was ist normal, wenn ein Kind einen großen Hilfebedarf hat? Medikamente gegen Epilepsie? Besuche beim Logopäden? Windeln weit über das Kleinkindalter hinaus? Schwierigkeiten beim Gehen oder Sprechen? Normalität hat viele Gesichter.

Was denken Geschwister, Freunde, Profis?
Häufig sind es die Geschwister, die darauf drängen, dass ein Wohnplatz für den Bruder oder die Schwester mit Behinderung gesucht wird. Sie möchten ihr eigenes Leben aufbauen, von den Eltern unabhängig werden und wünschen sich, dass jeder junge Mensch diese Chance bekommt. Während Eltern sich eher mit der „Kind"-Seite des Erwachsenen identifizieren, liegt der Fokus der Geschwister auf der „Erwachsenen"-Seite. Deshalb sollte man ihre Meinung ernst nehmen. Sie haben Vertrauen in sich selbst, dass sie ihre Zukunft meistern werden, und dieses Vertrauen setzen sie auch in den Bruder. Sie möchten nicht mehr die Augen der Eltern auf sich spüren und setzen voraus, dass auch die Schwester dieses Bedürfnis hat.

Manche Eltern erwarten von den Geschwistern, dass sie sich ebenso intensiv um den alternden Angehörigen mit Behinderung kümmern, wie sie es ihr Leben lang getan haben. Das jedoch ist in den allermeisten Fällen eine vergebliche Hoffnung. Dafür gibt es die unterschiedlichsten guten Gründe.

> ***Ingrid W.*** *war ein fester Bestandteil in der Planung ihrer Mutter für den Lebensabend ihres Sohnes* ***Alexander****. Sie wäre eventuell mit dieser Regelung einverstanden gewesen, aber dann kam alles anders:*
> *„Meine Mutter ist immer davon ausgegangen, dass ich Alexander (48) einmal in meine eigene Familie aufnehme. Ich war glücklich verheiratet, hatte zwei Kinder und keine finanziellen Sorgen. Alexander hätte durchaus in unserem Haus leben können. Aber dann ging meine Ehe schief, ich ließ mich scheiden, fing wieder an zu arbeiten und war total ausgelastet mit der Doppelrolle als Berufstätige und alleinerziehende Mutter. Das größte Problem aber war: Alexander hatte so lange bei seinen Eltern im Mittelpunkt gestanden, dass er nicht akzeptieren konnte, dass mir jetzt meine Kinder wichtig waren. Er konnte sich gar nicht mit der Onkelrolle anfreunden und meine Kinder wussten nicht so recht, was sie mit ihm anfangen sollten. Ich weiß nicht, wie meine Eltern sich die Zukunft vorstellen, auf mich können sie nur sehr begrenzt zählen."*

Junge Menschen sehen die Familiensituation oft ziemlich realistisch. Sie erkennen, wie viel Kraft die Eltern aufbringen, um den Alltag zu bewältigen und sie befürchten zu Recht, dass diese Kraft langsam schwindet und dass Vater und Mutter irgendwann überfordert sind. Sie wünschen den Eltern Zeit für ihr eigenes Leben, das sie lange hintangestellt haben. Sie sehen es kommen, dass ihre Eltern selbst einmal Unterstützung brauchen und dann müssen sie sich nicht nur darum kümmern, sondern auch noch um den Bruder oder die Schwester mit Behinderung. Meistens sind sie zu dieser Zeit selbst nicht mehr ganz jung, haben Beruf und Familie und brauchen ihre Kraft für sich. Diese Aussicht kann Besorgnis erregen. Auch wenn die Geschwister gern helfen möchten, sie können ihr Leben schließlich nicht nach den Bedürfnissen der Herkunftsfamilie ausrichten.

Immer wieder beklagen sich Geschwister, dass sie mit ihren Eltern über das Thema „Auszug von zu Hause" nicht sprechen können. Vater und Mutter haben so oft entscheiden müssen, was sie für ihren Sprössling mit Behinderung für das Beste halten, sie haben einerseits Hilfe suchen, andererseits aber auch viele gutgemeinte Ratschläge abwehren müssen, sie haben sich so oft auf ihr eigenes Urteil verlassen müssen, dass es schwer fällt, andere mitreden zu lassen. Und ein bisschen ist es auch für Eltern eine verkehrte Welt, wenn sie Ratschläge annehmen sollen von denjenigen, die doch immer ihre „Kinder“ bleiben und denen sie jahrelang Hilfe geboten haben.

Harald Z. *arbeitet als Psychologe in einer Werkstatt der Lebenshilfe. Er berichtet von Gesprächen, die er für typisch hält:*
„Auf dem Sommerfest der Werkstatt kam ich ins Gespräch mit der Schwester eines unserer Mitarbeiter mit Behinderung. Sie klagte, dass sie seit 20 Jahren versuche, ihre Eltern dazu zu bewegen, den Sohn in ein Wohnheim ziehen zu lassen. Der Vater halte sich aus den Diskussionen heraus, aber die Mutter stehe auf dem Standpunkt, das sei ihre Sache. Sie habe inzwischen ihre Besuche zu Hause sehr reduziert, denn es laufe immer wieder auf einen Streit hinaus, der völlig fruchtlos sei. Es klang viel Verbitterung und Ärger auf die Mutter heraus, die doch andererseits immer wieder ihre Hilfe anfordere. Ein Gespräch mit der Mutter ergab, dass sie sich von der Tochter total unverstanden fühlte. Die Tochter würde ihre Sorge um den Bruder nicht verstehen und ihn nicht ernst nehmen. Sie würde immer nur kritisieren, aber im Grunde führe sie ihr eigenes Leben und lasse sich sowieso nur noch selten im Elternhaus sehen.
Bei einem ‚runden Tisch‘ konnten wir zunächst einmal die Gefühle der Betroffenen klären. Die Schwester äußerte ihren Wunsch, dem Bruder mehr Selbstständigkeit zu gewähren, ihre Sorge um den Bruder und die Eltern und ihre Angst vor der Zukunft, für die keine Vorsorge getroffen werde. Sie selbst fürchte, dass sie plötzlich in eine Situation geraten könnten, die man kaum noch bewältigen könne und in der sie die Hauptlast zu tragen habe. Der Vater war wie immer sehr schweigsam, er verstehe beide Seiten, sagte er, aber seine Frau habe sich immer um den Sohn gekümmert und er wolle ihr diese Aufgabe nicht nehmen. Die Mutter fühlte sich von allen Seiten kritisiert und ihre Verteidigungshaltung hatte es ihr inzwischen unmöglich gemacht, ihren Standpunkt offen zu überdenken. Der Sohn selber war verwirrt, er hasste die Streitereien, aber seine Mutter war für ihn doch die höhere Autorität.
Wir haben es nach längerer Zeit geschafft, eine offenere Atmosphäre zu schaffen, in der jeder die Gefühle des anderen ernst nahm. Auf dieser Basis hoffe ich einen Weg zu finden, den alle gemeinsam gehen können. Statt Angriff und Verteidigung beginnt langsam der Versuch, sich gegenseitig zu unterstützen und sich in kleinen Schritten auf eine Lösung zu einigen, wie auch immer die aussehen mag. Sollte die

Mutter auf einem Verbleib im Elternhaus bestehen, können wir uns nach einem Jahr wieder zusammensetzen und die Situation überprüfen. Die Tochter würde sie in dieser Zeit nicht weiter bedrängen, sondern die Entscheidung akzeptieren. Ich hoffe, dass wir so den Druck von allen Beteiligten nehmen und dass wir dann langsam die Zukunftsplanung angehen können."

Sowohl Freunde als auch Mitarbeiter der Behindertenhilfe haben schlechte Karten, wenn es darum geht, Eltern zum räumlichen Loslassen zu bewegen. Das Anschneiden dieses Themas wird oft als Einmischung empfunden und wer sich einmischt, macht sich nicht gerade beliebt. So vermeiden Freunde es oft, ein Gespräch darüber anzufangen, andererseits möchten sie vielleicht auch nicht ihr Leben lang Rücksicht darauf nehmen, dass Sohn oder Tochter immer dabei sein müssen. Soziale Beziehungen können unter Druck geraten oder sogar zerbrechen.

Auch professionelle Helfer haben es schwer. Eine sachliche Argumentation wird als „Kälte" empfunden und den Mitarbeitern wird unterstellt, dass sie eigentlich keine Ahnung von den wirklichen Gefühlen und Verhältnissen haben. Oftmals stehen sich hier zwei Blicke auf die Wirklichkeit gegenüber, die sich nur schwer vereinbaren lassen. Kritisch wird es vor allem dann, wenn auf einen Rat die Aufforderung folgt, der entsprechende Mitarbeiter möge doch bitte einen Platz zur Verfügung stellen, der verfügbar ist und den Anforderungen der Eltern entspricht. Leider funktioniert das meistens nicht und zurück bleibt das Gefühl, dass alle „gut reden haben", dass diese Forderung im luftleeren Raum steht und dass tatkräftige, erfolgreiche Hilfe nicht zu bekommen ist. Eltern fühlen sich eher bedrängt als unterstützt. So bleibt doch wieder alles beim Alten.

Um die Entscheidung treffen zu können, ob der Erwachsene mit Behinderung weiterhin im Elternhaus leben oder z. B. in ein Wohnheim ziehen soll, ist es ratsam und hilfreich, sich als Eltern Fragen zu stellen, die eigene Motivation zu überprüfen und sich ggf. beraten zu lassen, Einrichtungen anzusehen oder auch, sich mit anderen betroffenen Angehörigen auszutauschen.

Was Eltern tun können

- Zunächst einmal sollten Sie sich über die eigenen Gefühle und Motive klar werden: Warum soll ein erwachsener Mensch mit Behinderung im Elternhaus bleiben? Wer fürchtet sich wirklich vor dem Auszug und warum? Welche Alternativen wären denkbar? Können Sie sich Fristen setzen, in denen Sie Ihre Haltung überdenken?
- Junge Eltern haben meist das Bedürfnis nach Austausch mit anderen Betroffenen. Warum sollte das Befreiende solcher Gespräche nicht auch für betagte Eltern genutzt werden? Sie können feststellen, ob Sie und die anderen Eltern die gleichen Sorgen haben und welche Lösungsstrategien entwickelt werden bzw. wurden. Bitten Sie den örtlichen Wohnheimträger einen Abend für alternde Eltern, deren Kinder noch zu Hause leben, anzubieten.
- Suchen Sie Gleichgesinnte, um gemeinsam bei dem Wohnheimträger am Ort oder im Landkreis (Lebenshilfe, Caritas, AWO etc.) vorstellig zu werden. Wenn der Bedarf und der Druck groß genug ist, sieht sich die Organisation eher in der Pflicht, nach Lösungen zu suchen.
- Setzen Sie sich zusammen mit den Geschwistern und Freunden, denen Sie vertrauen. Falls keine Einigung erzielt werden kann, kann man die örtliche Behindertenorganisation bitten, die Moderation zu übernehmen (Elternberatung, Psychologe der Lebenshilfe, Sozialer Dienst der Werkstatt usw.). Vater, Mutter, Geschwister und der Angehörige mit Behinderung selbst sollten das Gefühl haben, dass sie offen miteinander sprechen können und an einem Strang ziehen. Nur so kann man innere Einstellungen überprüfen und Neues wagen.
- Stellen Sie sich vor, wie viel Schönes Sie weiterhin mit Ihrem Sohn oder Ihrer Tochter unternehmen können, auch wenn Ihr „Kind" nicht mehr im Haushalt lebt. Führen Sie sich vor Augen, welche Schwierigkeiten entstehen, wenn Sie unverhofft in eine Notsituation geraten (Krankheit, Pflegebedürftigkeit oder gar Tod eines Elternteiles, Krankheit und Pflegebedürftigkeit des Angehörigen mit Behinderung) und dann unter diesem Druck eine tragfähige Lösung suchen müssen. Verschließen Sie nicht

▼

die Augen vor solchen Bildern, sondern versuchen Sie, in Ruhe und Zuversicht einen Weg zu finden, der dem vorbeugt und auch in einem solchen Fall gangbar ist. Zeitdruck, Angst und Panik sind schlechte Ratgeber. Wenn man mitten in einem Problem steckt, hat man oft kaum noch die Kraft, weiter als bis zum nächsten Tag zu denken.

- Auch wenn Sie noch keinen konkreten Termin für einen eventuellen Auszug festlegen können oder wollen: Finden Sie heraus, welche Möglichkeiten es vor Ort gibt, treffen Sie Ihre Wahl. Führen Sie Gespräche mit der entsprechenden Einrichtung und melden Sie sich dort an.

Falls sich Eltern trotz allem für den weiteren Verbleib in der Familie ihres in die Jahre gekommenen „Kindes“ entscheiden, sollten sie sich alle Hilfen holen, die sie erhalten können, sowohl finanziell als auch was praktische Unterstützung, Freizeit usw. betrifft.

Ein Beispiel für eine solche Hilfe bietet die Lebenshilfe Karlsruhe, Ettlingen und Umgebung mit dem „Aufsuchenden Familienberatenden Dienst KOMPASS“. Er hilft den Menschen mit Behinderung und ihren Angehörigen bei der Zukunftsplanung. Nach zwei Projektjahren ist der Dienst seit 2009 ein festes Angebot der Lebenshilfe, das von der Stadt Karlsruhe als Leistung der Eingliederungshilfe mitfinanziert wird. Dafür bekommt die Stadt über den Dienst einen Überblick über den voraussichtlichen Bedarf an Wohnunterstützung. Informieren und beraten ist die wichtigste Aufgabe des Dienstes. Dabei gibt es kein Patentrezept, denn jede Familie muss ihre eigene Antwort auf anstehende Fragen finden, jeder Mensch ist anders, jeder braucht etwas Anderes, hat eigene Wünsche und Vorstellungen für die Zukunft.

Das kann zum Beispiel heißen, dass man einen Umzug ins Auge gefasst, vorbereitet und durchführt hat, aber auch, dass den Angehörigen die Versorgung zu Hause erleichtert wird.

Barbara Feurer*, Mitarbeiterin des Familienberatenden Dienstes KOMPASS, berichtet von einem typischen Beispiel:*

„Herr Schmitt (40) wohnte bei seiner Schwester. Im Haus wohnte auch einer seiner Neffen und weitere Mieter. Die Schwester machte sich viele Gedanken um ihn, da er viel praktische Unterstützung benötigt. Sie ist zehn Jahre älter und spürte immer mehr ihre Grenzen. Die Mutter

hatte Herrn Schmitt sehr umsorgt. Die Schwester führte das weiter, sorgte sich aber, wie es gehen sollte, wenn sie das nicht mehr schaffen würde. Da Herr Schmitt auf keinen Fall aus dem Haus ausziehen wollte, wurde ambulante Begleitung in einer Wohnung im Haus als Ziel ins Auge gefasst. Es war ihm klar, dass er dafür noch einiges lernen musste. Das wollte er auch und war sehr motiviert. Die Familie und KOMPASS unterstützten ihn dabei. Nach langem Üben stand er beim Klingeln des Weckers meistens allein auf und half unaufgefordert beim Einräumen der Spülmaschine. Außerdem lernte er, ohne Gefährdung an einer befahrenen Straße entlangzulaufen und über die Ampel zu gehen.
Das Ergebnis des Übens war überraschend. Herr Schmitt fasste durch seine Lernerfolge so viel Selbstvertrauen, dass er beschloss, ins Wohnheim zu ziehen" (Feurer 2012, 3).

Abschließend lassen sich folgende Punkte zusammenfassen, die man bei der Entscheidungsfindung, wo der alternde Mensch mit Behinderung in Zukunft leben soll, beachten sollte, und die bei diesen Überlegungen immer wieder Konfliktpotenzial bieten oder sogar zu Vermeidungsstrategien führen:

- Einen erwachsenen Menschen mit Behinderung im elterlichen Haushalt zu behalten, scheint eher an Vergangenheit und Gegenwart orientiert, ihn loszulassen in ein eigenes Leben eher als Zukunftsorientierung.
- Obwohl Eltern eines Kindes mit Behinderung häufig schon in den ersten Jahren nach der Geburt von Gedanken an seine Zukunft und Sorgen für sein späteres Leben heimgesucht werden, ist die Versuchung groß, eine Lösung für diese Frage immer wieder aufzuschieben – vielleicht, weil keine Lösung ideal erscheint.
- Junge Menschen entwerfen Pläne für ihre Zukunft. Diese Pläne müssen revidiert, geändert, angepasst werden. Ältere Menschen haben schon viele Weichen gestellt, sie gehen bestimmte Wege und haben nicht unbedingt die Kraft und den Mut, ihre Situation grundsätzlich zu verändern, besonders, wenn dafür viel Anstrengung nötig ist. Und die Suche nach einem neuen Lebensraum für ihren alternden Angehörigen mit Behinderung kann zu einem steinigen Weg werden.
- Unterschiedliche Vorstellungen und Vorschläge sind umso schwerer miteinander zu vereinbaren, je länger sie sich verfestigt haben. Haben Geschwister ihre Forderung nach einem Auszug des Bru-

ders zunächst als Rat formuliert, entsteht immer mehr die Gefahr, dass daraus ein Vorwurf wird. Ehepartner umgehen das Thema, weil es Konfliktstoff birgt, Freunde resignieren, weil sie doch kein Gehör finden. Diese Vermeidungsstrategien sind zwar verständlich, aber auf die Dauer nicht wirklich hilfreich.

3.2 Stationäres Wohnen für Senioren

Suchen betagte Eltern – freiwillig oder in einer Notsituation – für ihren Sohn oder ihre Tochter, die bislang im Elternhaus gelebt haben, einen Platz, dann kann das unter Umständen einige Schwierigkeiten mit sich bringen. Grundsätzlich unterscheidet sich das Wohnangebot für Senioren nicht von dem für junge Menschen mit Behinderung. Und ebenso grundsätzlich gelten die gleichen Überlegungen. Ob eine Unterbringung in einer bestimmten Wohnform für einen bestimmten Menschen geeignet ist, hängt von seiner Persönlichkeit und von dem Grad seiner Selbstständigkeit ab. Sieht man einmal von den besonderen Bedingungen ab, die sich aus einer schwersten Behinderung, einer Krankheit oder Pflegebedürftigkeit ergeben oder dadurch, dass es in erreichbarer Nähe nur ein einziges Angebot gibt, lassen sich dennoch Kriterien feststellen, die zu einer Entscheidung beitragen, welche Lebensform für einen alternden Menschen mit Behinderung günstig erscheint.

- **Ambulant betreutes Wohnen** bedeutet, dass eine Person eine Wohnung selber mietet oder sich gemeinsam mit anderen eine teilt. Die Finanzierung der Wohnung und anderer Hilfen kann über das Persönliche Budget erfolgen. Das ist eigentlich eine Form, die gerade für Erwachsene geeignet ist. Allerdings müssen sie besonders fit und selbstständig sein. Es ist also fraglich, ob man diese Art des Lebens dann wählen sollte, wenn sich das Alter nähert. Voraussetzung ist eher, dass die Ablösung schon erfolgt ist und im besten Fall ein Wohntraining stattgefunden hat.
- **Kleine Wohngemeinschaften,** die z. B. eine Etage in einem Mietshaus belegen, sind häufig aus baulichen Gründen überfordert, wenn sich ein größerer Hilfebedarf ergibt, z. B. ein Umbau des Badezimmers. Sie bemühen sich, für ihre älter werdenden Bewohner alles behindertengerecht zu gestalten, sind aber eventuell nicht sehr geneigt, Senioren neu aufzunehmen, denen sie vielleicht in absehbarer Zeit nicht mehr gerecht werden können, wenn diese z. B. eine Tagbetreuung brauchen, weil sie nicht mehr arbeiten.

- **Kleinere Wohnheime mit mehreren Gruppen** können eher flexibel sein. Sie können Bewohner integrieren, Menschen aus verschiedenen Gruppen zusammenfassen und gemeinsam mit einer Tagesstruktur unterstützen. Sie können auch z. B. jemanden aus einem Zimmer im zweiten Stock ins Erdgeschoss umziehen lassen, wenn er die Treppen nicht mehr schafft. So bleibt jemand so lange wie möglich in seiner vertrauten Umgebung.
- **Großeinrichtungen oder Dorfgemeinschaften** haben sehr unterschiedliche Häuser und bieten verschiedene Formen der Betreuung an. Die meisten haben sich inzwischen auch ganz gezielt auf ältere Bewohner eingestellt oder planen eine Umstrukturierung für die veränderten Bedürfnisse der Senioren. In Notfällen sind es häufig diese großen Einrichtungen, die am ehesten einen Platz anbieten können. Leider muss man oft größere Entfernungen in Kauf nehmen, denn diese Dörfer liegen eher außerhalb der Städte und Ortszentren.

Zusammenfassend kann man sagen: Je kleiner und individueller die Wohngruppe ist, desto schwieriger ist es, dort einen Platz zu finden, denn die Flexibilität ist naturgemäß nicht so groß. Je überraschender ein Notfall eintritt, desto geringer ist die Chance, noch lange auswählen zu können. Häufig gibt es Wartelisten und man muss froh sein, wenn auf die Schnelle ein Platz „freigeschaufelt“ werden kann.

Wer seinen Sohn oder seine Tochter schon in jüngeren Jahren in einer Wohneinrichtung untergebracht hat, braucht sich zunächst einmal nicht so viel Sorgen um den Verbleib im Alter zu machen, denn ein Wohn- und Betreuungsvertrag kann nur unter ganz bestimmten Voraussetzungen gekündigt werden. Solche Bedingungen können sein:

- eine **Kündigung** in **beiderseitigem Einvernehmen**
- **Kündigung durch** den **Bewohner** / die **Bewohnerin**, wenn ihm / ihr die Fortsetzung des Vertrages nicht zuzumuten ist
- **Kündigung durch** die **Einrichtung**,
  - wenn diese den Betrieb einstellt, wesentlich einschränkt oder in seiner Art verändert und die Fortsetzung des Vertrages für die Einrichtung eine unzumutbare Härte bedeuten würde;
  - wenn eine fachgerechte Pflege nicht erbracht werden kann, weil sich der Pflege- und Betreuungsbedarf so verändert hat, dass diese Leistung die Möglichkeiten der Einrichtung übersteigt (z. B. ständige ärztliche Begleitung);

- wenn die Bewohnerin/der Bewohner die vertraglichen Pflichten schuldhaft gröblich verletzt;
- wenn die Finanzierung nicht mehr gesichert ist;
- ein **„natürlicher" Kündigungsgrund** ist der Tod des Bewohners.

In der Regel versuchen die Wohneinrichtungen, ihre Bewohner so lange es geht bei sich zu behalten. Sie nehmen die Verantwortung ernst für die Menschen, die unter ihrem Dach alt werden. Seniorinnen und Senioren mit Behinderung brauchen allerdings eine andere Struktur im Wohnbereich als diejenigen, die den ganzen Tag in der Werkstatt oder an anderen Arbeitsplätzen verbringen. Mehr Personal wird benötigt und die Mitarbeiter müssen teilweise andere Qualifikationen mitbringen und veränderte Aufgaben bewältigen.

> ***Karsten F.*** *leitet eine Wohngruppe für acht Betreute innerhalb einer Wohneinrichtung mit ca. 120 Bewohnern. Eine der Frauen in seiner Gruppe leidet an Demenz und hat darüber hinaus inzwischen einen hohen Pflegebedarf. Karsten freut sich, dass er es ihr ermöglichen kann, in ihrer gewohnten Umgebung zu bleiben:*
> *„Es ist immer wieder schön zu sehen, wie sich die anderen Bewohner um Roswitha bemühen. Sie versuchen, sie teilhaben zu lassen und kümmern sich rührend um sie. Natürlich hat sich unsere Arbeit dadurch verändert, aber wenn wir merken, wie gut es ihr geht, nehmen wir das gern in Kauf."*

Träger der bestehenden Wohneinrichtungen lösen die Frage auf unterschiedlichste Weise:

- Ein mittelgroßes Wohnheim lässt die älteren Bewohner z.B. weiterhin in ihrer Gruppe wohnen, fasst aber alle, die nicht mehr arbeiten, zusammen und bietet für sie tagesstrukturierende Maßnahmen an. In manchen Häusern können an diesen Maßnahmen auch Externe teilnehmen, in anderen bleibt der Zugang auf die eigenen Bewohner beschränkt.
- In einer Großstadt, in der ein Träger mehrere kleine Wohnheime unterhält, müssen z.B. Bewohner, die die Treppen nicht mehr bewältigen können oder erhöhten Pflegebedarf haben, in einer besonderen Gruppe zusammenleben, weil die alten Häuser größtenteils nicht behindertengerecht sind.
- Die Lebenshilfe Rhön-Grabfeld hat ein Seniorenwohnheim gebaut, das mit seinen 24 Zimmern und vier Verhinderungspflegeplätzen

auch Bewohner aufnimmt, die bislang zu Hause gelebt haben. Der Besuch der dazugehörigen Tagesstruktur ist auch für externe Besucher möglich.
- Eine anthroposophische Lebensgemeinschaft mit etwa 160 Betreuten baut ein Haus für Menschen mit erhöhtem Hilfebedarf, die damit in der vertrauten Umgebung bleiben können, aber die Unterstützung finden, die sie brauchen.
- Im Franziskuswerk Schönbrunn, einer großen Einrichtung für Menschen mit Behinderung aller Altersstufen in der Nähe von Dachau, wurde ein Haus für ältere und pflegebedürftige Menschen mit und ohne geistige Behinderung gebaut – ein zukunftsträchtiges Modell, denn schließlich handelt es sich hierbei um eine sinnvolle inklusive Idee von der alle nur profitieren können.

Wichtig und sinnvoll ist es auf jeden Fall, mit der Einrichtung im Gespräch zu sein, Veränderungen zu beobachten und miteinander zu besprechen und zu entscheiden, wie es weitergehen soll und kann, welche zusätzlichen Hilfen nötig sind. Ein wachsender Hilfebedarf entsteht nicht plötzlich über Nacht und er kann besser aufgefangen werden, wenn alle Betroffenen sich rechtzeitig und in vereintem Bemühen damit auseinandersetzen.

Im Alter hinterfragen Eltern oft die Wohnsituation ihres Kindes neu, denn manchmal stellt sich die Situation des gealterten Menschen mit Behinderung nicht mehr so dar wie angenommen oder einst zugesagt oder es treten Umstände ein, die eine solche Neuorientierung nötig machen. Das ist besonders tragisch. Eltern und Kind sind betagt, und nun soll noch ein seniorengerechtes Wohnen für den Sohn oder die Tochter gesucht werden. Eltern stehen dieser Situation meist in totaler Überforderung und großer Enttäuschung gegenüber. Ohne Hilfe ist eine solche Lage kaum zu bewältigen.

Manchmal wird der Vorschlag gemacht, Senioren mit geistiger Behinderung in ein normales Altersheim wechseln zu lassen. Man argumentiert damit, dass Bedürfnisse älterer z.B. an Demenz leidender Menschen sich ähneln, egal ob sie behindert sind oder nicht. Obwohl es sicher viele Parallelen und Ähnlichkeiten gibt, ist diese Lösung die denkbar schlechteste, sie erspart höchstens den Trägern der Behindertenhilfe Nachdenken und Geld. Alten- und Pflegeheime sind medizinisch ausgerichtet, sie werden über die Pflegekasse finanziert. Wechselndes Personal, Aushilfskräfte, kaum Zeit über die reine pflegerische Versorgung hinaus – das alles entspricht nicht einem Gefühl von „Zuhause". Wohneinrichtungen für Menschen mit Behinderung aber haben eine andere finanzielle Ausstattung und damit auch anderes Personal, sie verstehen Betreuung auf eine den ganzen Menschen umfassende Weise und nicht nur medizinisch-pflegerisch. Deshalb ist der Umzug in ein Alten- und Pflegeheim keine annehmbare Lösung.

3.3 Finanzielle Bedingungen

Die Frage nach den Finanzen muss im Laufe eines Lebens immer wieder neu gestellt werden. Neue Regelungen müssen verstanden, neue Anträge gestellt und neue Quellen erschlossen werden. Das beginnt natürlich schon in der Kindheit, setzt aber verstärkt wieder ein, wenn der Angehörige mit geistiger Behinderung älter wird.

Grundlage für die finanzielle Unterstützung von Menschen mit Behinderung in allen Altersgruppen ist die: **Eingliederungshilfe.** Diese Leistung der Sozialhilfe ist im Sozialgesetzbuch XII geregelt und dazu da, den Menschen mit Behinderung die Eingliederung in die Gesellschaft zu ermöglichen. Das ist natürlich sehr vage formuliert, umfasst aber im Grunde genommen alle Hilfen und Leistungen, die normalerweise im Wohnheim oder in der Werkstatt angeboten werden. Im Bezug auf älter werdende Menschen mit geistiger Behinderung ist sicherlich von Belang, dass zur Eingliederungshilfe auch allgemein Fördermaßnahmen oder Hilfsmittel gehören, die helfen sollen, die vorhandenen Fähigkeiten zu erhalten. Das heißt: Sofern spezielle Betreuung oder Förderung für Senioren nötig ist oder eine Begleitperson eingesetzt werden soll, kann die Finanzierung über die Eingliederungshilfe erfolgen. Voraussetzung ist allerdings, dass sich der Mensch mit Behinderung selbst an diesen Kosten beteiligt, falls sein Vermögen die Summe von 2600 € überschreitet.

Eine andere Variante der Eingliederungshilfe ist das **Persönliche Budget**. Die Idee dabei ist, dass man sich gezielt die Hilfe holt, die man wirklich braucht. So werden dann alle budgetfähigen Leistungen – natürlich auf Antrag – einzeln finanziert. Für Senioren mit geistiger Behinderung kann es allerdings beruhigend sein, dass man nicht für immer an diese Form der Finanzierung gebunden ist, wenn man sich einmal dafür entschieden hat. Wer zum Beispiel feststellt, dass das Geld zur Betreuung nicht mehr ausreicht, kann auch wieder zurückkehren zur Eingliederungshilfe.

Finanzielle Hilfen für Eltern und Angehörige

Beim **Kindergeld** handelt es sich um eine finanzielle Unterstützung, die auch erwachsenen und älteren Menschen mit Behinderung gewährt wird. Einzige Voraussetzung dafür: Die Behinderung muss vor dem 25. Lebensjahr eingetreten sein und die betreffende Person ist aufgrund ihrer Behinderung nicht in der Lage, für ihren Lebensunterhalt selbst aufzukommen. Das Kindergeld wird zunächst einmal grundsätzlich an die Eltern und nicht an den Sohn oder die Tochter mit geistiger Behinderung ausbezahlt. Wenn aber die Eltern versterben, können auch Geschwister oder andere Verwandte sowie Pflegeeltern, die den Menschen mit Behinderung betreuen, Kindergeld beziehen. Natürlich ist die Voraussetzung dafür, dass tatsächlich ein vertrautes Verhältnis besteht und die Person mit Behinderung auch einige Zeit mit den „Ersatzeltern" verbringt.

Wer auch immer das Kindergeld bekommt, sollte Quittungen seiner Ausgaben für den Angehörigen mit Behinderung sammeln, da die Familienkasse diese zur Überprüfung anfordern kann. Das heißt: Jedes Kleidungsstück, Schuhe, Brillenrechnungen oder Friseurbesuche sollte man sich quittieren lassen.

Für andere finanzielle Hilfen muss man unterscheiden zwischen den Menschen mit Behinderung, die noch zu Hause leben und denjenigen, die bereits in eine Wohneinrichtung gezogen sind.

Wer noch Zuhause wohnt, erhält die sogenannte **Grundsicherung**. Diese bekommt auf Antrag jeder, der 18 Jahre alt und „dauerhaft erwerbsgemindert" ist. Also derjenige, der in einer Werkstatt für behinderte Menschen (WfbM) oder in einer Förderstätte arbeitet, gehört auf alle Fälle dazu, falls er oder sie kein eigenes Vermögen hat. Aber auch diejenigen, die aufgrund ihrer Behinderung nicht mehr als drei Stunden auf dem freien Arbeitsmarkt tätig sein können. Außerdem steht allen Personen Grundsicherung zu, die das 65. Lebensjahr erreicht haben und keine ausreichende Rente bekommen. Senioren mit einer geistigen Behinderung erhalten meistens schon viele Jahre lang diese staatliche Leistung. Daran ändert sich auch im Alter nichts. Gezahlt wird übrigens immer an den Haushaltsvorstand, in dessen Haushalt die betreffende Person lebt und die Höhe variiert ein wenig je nach Bundesland oder Stadt (in München bekommt man z. B. ca. 25 € mehr).

Es gibt eine Reihe von **Unterstützungsmöglichkeiten für notwendige Umbauten**, die vor allem für ältere Familienangehörige mit geistiger

Behinderung von Bedeutung sein können. Denn schon ein kleiner Treppenabsatz oder der Einstieg in die Badewanne können auf einmal zu einem großen Problem werden, sodass ein Umbau der Wohnung notwendig wird. Da das in vielen Fällen mit erheblichen Kosten verbunden ist, sollte man einige Anlaufstellen kennen, bei denen Fördermittel beantragt werden können. Allerdings gibt es leider keine allgemein gültigen Regelungen. Von Bundesland zu Bundesland sind die Bestimmungen und Richtlinien anders. Noch dazu spielt das Einkommen eine Rolle. Was der eine für Luxus hält, ist für den anderen normal und so kann man nur raten, bei folgenden Stellen Fördermittel zu beantragen:

- Die **Agentur für Arbeit** und die **gesetzliche Rentenversicherung** sind dafür zuständig, dass Menschen mit Behinderung am Arbeitsleben teilhaben können. Deshalb werden Kosten übernommen, die notwendig sind, um eine passende Wohnung zu bekommen oder sie auszustatten – natürlich in angemessenem Umfang.
- **Integrationsämter** können Zuschüsse oder auch Darlehen gewähren, um den Wohnraum behindertengerecht anzupassen.
- Einen Zuschuss von der **Pflegeversicherung** bekommt man, wenn Umbaumaßnahmen notwendig sind, um das Wohnumfeld für einen Menschen mit Behinderung zu verbessern. Zunächst wird zwar nur eine Maßnahme bezuschusst, falls sich der Gesundheitszustand des Antragstellers aber verschlechtert, zahlt die Pflegekasse noch weitere Umbaumaßnahmen. Insgesamt richtet sich die Höhe des Zuschusses nach dem Einkommen des Pflegebedürftigen und nach der Höhe der Umbaukosten – wobei sowieso maximal nur 2557 € bezahlt werden – was bei größeren Umbauten natürlich nicht sehr viel ist! Außerdem muss ein Eigenanteil von 10 % der Baukosten geleistet werden, der aber nicht höher als 50 % des monatlichen Bruttoeinkommens sein darf.
- An die **gesetzliche Unfallversicherung** können sich alle wenden, deren Behinderung durch einen Unfall verursacht wurde. Dort gibt es zumindest im Prinzip die Möglichkeit, eine behindertengerechte Anpassung der Wohnung zu beantragen.
- Im Rahmen der Leistungen zur Teilhabe am Leben in der Gemeinschaft ist auch die **Eingliederungshilfe** unter bestimmten Umständen zuständig für Zuschüsse oder Darlehen an hilfsbedürftige Menschen.
- Falls eine Person im Haushalt pflegebedürftig ist, wird der Bau oder der Kauf eines Hauses oder einer Wohnung sowie die Erwei-

terung oder der Ausbau im Prinzip auch durch spezielle **Förderprogramme der Bundesländer** unterstützt. Genauere Bedingungen sollte man bei den zuständigen Ansprechpartnern erfragen. Man findet sie in den Ämtern für Wohnungswesen (Bewilligungsbehörden) bei Kreis- und Stadtverwaltungen.

- Von der früher sogenannten Kreditanstalt für Wiederaufbau (KfW) kann man zinsgünstig Geld für den Wohnungsbau leihen. Die Darlehen sind nicht speziell für Menschen mit einer Behinderung gedacht und auch unabhängig vom Einkommen. Einzige Bedingung: Das Haus oder die Wohnung muss selbst genutzt werden. Immerhin 30 % (höchstens jedoch 100 000 Euro) kann man so finanzieren. (Detaillierte Informationen bekommen Sie unter www.kfw.de.)

> ! Lassen Sie sich erst einmal einen Kostenvoranschlag machen und reichen Sie diesen ein. Erst wenn die Genehmigung vorliegt, kann man sicher sein, dass die Pflegekasse auch bezahlt. Nachträglich ist das immer deutlich schwieriger.

Wenn Personen mit geistiger Behinderung in einem Wohn- oder Pflegeheim oder in einer ambulant betreuten Wohnung wohnen, dann müssen sie dafür keinen eigenen Beitrag leisten, es sei denn, sie haben eigenes Vermögen. Die Eltern müssen sich allerdings an den Kosten (monatlich rund 28 € für teilstationäre bzw. rund 50 € für stationäre Maßnahmen) beteiligen, unabhängig davon, wie ihre finanzielle Situation ist. Ausnahmen sind Familien, die nachweisen, dass sie den Betrag nicht aufbringen können. Besitzt der Angehörige mit geistiger Behinderung selbst nichts, dann besteht ein Anspruch auf:

- **Taschengeld,** auch Barbetrag genannt, ist ein Bestandteil der Leistungen für den Lebensunterhalt, gehört also zur Eingliederungshilfe und steht erwachsenen Heimbewohnern in Höhe von 98 € pro Monat zur Verfügung.
- Selbiges gilt für den **Bekleidungszuschuss**. Er wird ebenfalls im Rahmen der Eingliederungshilfe in Höhe von rund 30 € monatlich bezahlt.

Die Angehörigen von Menschen mit geistiger Behinderung können darüber hinaus folgende Posten in Rechnung stellen:

- **Fahrtkosten** sind ebenfalls sogenannte Teilhabekosten und werden für die Heimfahrten des Sohnes oder der Tochter mit Behinderung vom Sozialhilfeträger übernommen. Falls es nicht möglich ist, öffentliche Verkehrsmittel zu benutzen, können auch Fahrdienste beauftragt werden oder die Angehörigen können ihre PKW-Kosten in Rechnung stellen. Nicht festgelegt und deshalb immer wieder umstritten ist die Anzahl der Heimfahrten, die bezahlt werden.
- **Verhinderungspflege** und **Pflegegeld** (Kapitel 5.4) stehen den Angehörigen in den Ferienzeiten oder am Wochenende nur noch anteilig zu.

Einen sehr guten Überblick über finanzielle Leistungen und Rechte stellt Katja Kruse vom Bundesverband für Körper- und Mehrfachbehinderte e. V. (bvkm) jedes Jahr zusammen. Auf der Homepage findet man unter dem Titel „Mein Kind ist behindert – diese Hilfen gibt es“ die wichtigsten Informationen kurz und verständlich zusammengefasst (www.bvkm.de).

4 Den Tag gestalten

Rainer R. *ist Mitarbeiter in der Verpackungsgruppe einer Werkstatt und kurz vor seinem 65. Geburtstag:*
„Ich arbeite schon ganz lange. Ist sehr gut hier. Mein Chef – nett! Alle sagen zu mir, du bist unser Opa. Aber ich bin nicht Opa! Kann noch sehr gut arbeiten und hab viel Spaß mit Kollegen. Manchmal bin ich müde – ja. Manchmal nicht. Mein Bruder noch älter ist und arbeitet noch. Ich will das auch. Hoffentlich erlaubt mein Chef. Sonst weiß ich nicht. Mein Bruder sagt: ‚Rainer, dir ist bestimmt langweilig ohne Arbeit'. Hat recht, mein Bruder, glaub ich."

Wer jung ist und beruflich gefordert wird, der kann sich meistens nichts Schöneres vorstellen, als einfach in den Tag hinein zu leben, nichts vorzuhaben, alles dem Zufall zu überlassen. Doch sobald das Leben ruhiger wird, sobald die Anforderungen weniger werden, tut es gut, wenn ein wenig Abwechslung den Tagen Farbe verleiht. Da Menschen mit geistiger Behinderung normalerweise in einer Werkstatt oder einer Förderstätte beschäftigt sind, verbringen sie hier sehr viel Zeit. Hier sind Freunde und Ansprechpartner und es finden Fortbildungen und sportliche Aktivitäten statt. Genau wie anderen Rentnern ergeht es deshalb den älteren Mitarbeitern in den Werkstätten (WfbM), die aufgrund ihres Alters aus dem Arbeitsleben ausscheiden sollen: Sie verlieren ihren Tagesinhalt und das kann sehr verwirrend und schmerzlich sein. Andererseits birgt ein Neuanfang in dieser Lebensphase auch durchaus Chancen, denn diejenigen, die fit genug sind, können noch Neues erleben, lernen oder sich endlich in Ruhe ihren Hobbys widmen – dazu benötigen die allermeisten jedoch Unterstützung und Hilfe.

4.1 Änderungen im Arbeitsalltag

Alterserscheinungen von Menschen mit geistiger Behinderung unterscheiden sich im Prinzip nicht grundsätzlich von denen anderer Senioren. Ein wichtiger Unterschied ist allerdings, dass es für Außenstehende manchmal gar nicht so leicht zu erkennen ist, welche Einschränkungen einfach zum Behinderungsbild gehören und welche Vorboten des Alters sind. So sind Angehörige dann manchmal regelrecht überrascht, wenn der Sohn oder die Tochter, der Bruder oder die Schwester ganz andere Seiten zeigen. Wenn zum Beispiel das Aufstehen am Morgen auf einmal schwierig wird oder gar nicht mehr klappt. Dann sucht man nach Gründen und denkt zunächst mal gar nicht daran, dass vielleicht einfach eine altersbedingte Müdigkeit dahinter stecken könnte. Oder die Zusammenarbeit in der Werkstatt klappt plötzlich nicht mehr so gut wie früher, weil der Mitarbeiter vor sich hin träumt oder nur noch mürrisch auf Anforderungen reagiert. Es können ganz kleine Signale sein und sie zeigen sich bei manchen schon in einem relativ jungen Alter.

Natürlich ist das nicht gleich eine Katastrophe. Denn in gewisser Wiese ist es normal, dass man sich im Alter verändert und doch ist es sehr wichtig, diese Signale ernst zu nehmen und gegebenenfalls entsprechend zu reagieren. In erster Linie sind hier die Mitarbeiter in Werkstatt oder Förderstätte gefragt, denn sie erkennen manchmal sogar besser als die Angehörigen, wie sich der Mitarbeiter verändert. Sie sehen den älter werdenden Menschen täglich, kennen seine Fähigkeiten und seine Grenzen.

> ***Hermann V.*** *ist Leiter der Schreinerei in einer Werkstatt für behinderte Menschen (WfbM) und hat gerade seinem ältesten Mitarbeiter dabei geholfen, seinen Arbeitsalltag zu verändern:*
> *„In meiner Gruppe arbeiten sehr leistungsfähige Leute. Deshalb fiel mir gleich auf, dass Rudi nicht mehr so ganz bei der Sache war. Immer wieder vergaß er bestimmte Handgriffe, auch zog er sich neuerdings gerne in unseren Frühstücksraum zurück. Nach mehreren Gesprächen fanden wir heraus, dass ihn der Lärm hier störte. Da er aber eigentlich gerne bei uns in der Gruppe ist, haben wir jetzt eine andere Regelung gefunden: Vormittags arbeitet Rudi bei uns und wir haben seine Pause verlängert. Nachmittags geht er dann in unsere Textilwerkstatt. Dort geht es deutlich ruhiger zu."*

Auch im Arbeitsalltag einer Werkstatt für Menschen mit Behinderung spielt die Leistungsfähigkeit eine Rolle. Hier wird produziert, Aufträge müssen bearbeitet werden, die Qualität soll stimmen. Zeigt nun ein Mitarbeiter, dass er es nicht mehr schafft, die Herausforderungen zu stemmen, dann wird in Zusammenarbeit mit dem Sozialdienst und im Idealfall auch mit den Angehörigen und den Betreuern in den Wohnstätten überlegt, was man tun kann. Schon lange hat man eingesehen, dass neue Schwierigkeiten und Anforderungen heraufbeschworen werden, wenn man den Mitarbeiter mit geistiger Behinderung einfach in den Ruhestand schickt, so wie das früher der Fall war. Denn zu Hause, im Wohnheim oder bei den Eltern war man ja auch nicht darauf eingerichtet, den Senior den ganzen Tag um sich zu haben, zu beschäftigen, für ihn zu kochen, ihn zu beaufsichtigen. Das galt in noch verstärkter Weise für die Förderstättenbesucher, die meistens schwerere Behinderungen haben. Schnell war klar, man musste spezielle Angebote für ältere Menschen auf den Weg bringen und mit einer flexibleren Gestaltung der Arbeitszeit den Bedürfnissen Rechnung tragen. Inzwischen bieten die meisten Werkstätten folgende Möglichkeiten an:

- Wechsel des Arbeitsplatzes
- Einrichtung kleinerer und ruhigerer Arbeitsgruppen
- Ausstattung des Arbeitsplatzes mit technischen Hilfsmitteln
- kürzere Arbeitszeiten oder längere Pausen
- Einrichtung von Ruheräumen
- spezielle Gruppen (tagesstrukturierende Maßnahmen) für ältere Mitarbeiter mit kreativen Angeboten, Entspannung, Bewegungsmöglichkeiten, Gesprächsangeboten u. a. mit Themen wie „Vorbereitung auf den Ruhestand“ etc.

> ***Heidrun M.*** *ist seit vielen Jahren Mitarbeiterin im Sozialdienst einer Werkstatt:*
> *„Wir haben hier eine immer größer werdende Gruppe von älteren Mitarbeitern. Die meisten sind noch stundenweise in der Werkstatt, aber dann die restliche Zeit hier und wir bieten unterschiedliche Betätigungen an. Sehr beliebt ist unsere Musikstunde. Da wird mal getrommelt, mal gesungen und dann hören wir auch Musikstücke auf CD. Außerdem gehen wir regelmäßig spazieren und einmal in der Woche kochen wir zusammen unser Mittagessen. Die Leute hier sind zwischen 45 und 65 Jahre alt. Die meisten sind noch stundenweise in der Werkstatt und nehmen in der restlichen Zeit an unseren tagesstrukturierenden Maßnahmen teil.“*

Veränderungen im Arbeitsalltag können natürlich auch Auswirkungen auf die Angehörigen haben. Vor allem dann, wenn der Senior mit Behinderung nicht in einer Wohneinrichtung, sondern bei Eltern oder Geschwistern lebt. Ein enger Kontakt zu den Mitarbeitern in der Werkstatt garantiert, dass man von den Veränderungen im Arbeitsalltag erfährt und gegebenenfalls auch zu Hause entsprechend reagieren kann. Umgekehrt können natürlich auch die Angehörigen Änderungen anregen, wenn sie Symptome des Älterwerdens feststellen. Ansprechpartner hierfür sind in erster Linie die Mitarbeiter der Sozialdienste. Mit ihnen zusammen kann man überlegen, wie man auf die Alterserscheinungen reagiert. Ob eine Änderung des Arbeitsalltags machbar ist oder ob vielleicht noch andere medizinische und/oder therapeutische Maßnahmen sinnvoll wären. Schwieriger sind die Übergänge, wenn ein Mensch mit Behinderung auf dem freien Arbeitsmarkt beschäftigt ist, denn hier gelten andere Regeln und Teilzeitlösungen sind eher die Ausnahme.

4.2 Der freien Zeit Struktur geben

> ***Matthias M.*** *ist gesetzlicher Betreuer von* ***Cem A.****, der an Alzheimer-Demenz erkrankt ist und in einer speziellen Wohngruppe lebt:*
> *„Nie habe ich mir vorstellen können, wie wichtig ein geregelter Tagesablauf für Cem sein könnte. Jede Veränderung im Tagesablauf bringt ihn durcheinander. Nur hier in seiner WG findet er sich noch gut zurecht. Früher habe ich ihn ja manchmal abgeholt und mit ihm Kaffee getrunken. Jetzt regt ihn alles zu sehr auf und er unternimmt nur noch mit der Gruppe solche Ausflüge, da fühlt er sich sicher."*

Es wäre ein Fehler anzunehmen, dass Menschen mit Behinderung völlig anders sind als andere Senioren. Sie brauchen genauso wie andere Rentner eine Aufgabe, eine Tagesstruktur. Deshalb kümmert man sich seit einigen Jahren darum, den älteren Menschen mit geistiger Behinderung entsprechende Angebote zu machen, sobald sie ganz oder auch teilweise aus dem Arbeitsleben ausgeschieden sind. Überall haben sich Gruppen gebildet, die in Wohnheimen, in den Werkstätten oder in eigens dafür errichteten Tagesstätten für eine sinnvolle Gestaltung des Tages sorgen. Man nennt das **tagesstrukturierende Maßnahmen**.

Unter tagesstrukturierenden Maßnahmen versteht man kurz gesagt ein ganzes Bündel an Möglichkeiten, die alle dafür sorgen sollen, dass die Senioren ein möglichst selbstbestimmtes und würdevolles Leben führen können. Die Ausgestaltung der Angebote ist natürlich sehr unterschiedlich. Sie richten sich nach den personellen und räumlichen Möglichkeiten der Einrichtung oder der Werkstatt.

Für Eltern und Angehörige ist es gut zu wissen, dass es diese Angebote gibt, denn es kann eine große Belastung sein, wenn man fürchten muss, dass der Sohn oder die Tochter mit geistiger Behinderung aus Altersgründen nicht mehr in der gewohnten Werkstattabteilung beschäftigt werden kann. Wer erste Anzeichen der Überforderung entdeckt, sollte deshalb beim Sozialdienst der Werkstatt umgehend gezielt nach den Maßnahmen fragen, die für ältere Mitarbeiter angeboten werden. Das Gleiche gilt für das Wohnheim, sofern der Angehörige in einem wohnt.

Die wichtigsten Ziele der tagesstrukturierenden Maßnahmen werden im Folgenden dargestellt.

Das Erhalten von Fähigkeiten

Damit nicht alles verloren geht, was in jahrelanger Arbeit gelernt und geübt wurde, werden dabei ganz alltägliche Dinge wiederholt wie Zähne putzen, Tisch decken, sich je nach Witterung richtig anziehen, mit Geld umgehen, sich in der Öffentlichkeit richtig verhalten. Außerdem werden folgende Tätigkeiten angeboten:

- **Kreative Arbeiten:** Mit diversen Bastelmaterialien, wie Farbe, Papier, Ton, Stoff, Holz usw. lässt sich die Feinmotorik schulen.
- **Gedächtnistraining:** Alle Maßnahmen die darauf zielen, auf spielerische Weise die kognitiven Fähigkeiten zu erhalten und zu fördern.
- **Wahrnehmungstraining:** Hier werden Geruchssinn, das Gehör und das Sehvermögen gefördert, z. B. durch Kochen Musikstunden oder Museumsbesuche.
- **Stimulation:** Diese erfolgt für die Senioren mit einer schweren Behinderung im sogenannten „Snoezelenraum". Auch die Basale Stimulation spielt hier eine wichtige Rolle.

Snoezelen, sprich: snuselen, wird aus den niederländischen Wörtern snuffelen = schnüffeln, schnuppern und doezelen = dösen, schlummern gebildet. In vielen Einrichtungen gibt es inzwischen die sogenannten Snoezelen-Räume. Sie sind meist sehr gemütlich mit Decken, Kissen und Matratzen ausgestattet, haben Dämmerlicht oder sogar Lichtspiel und sanfte Musik. Dies alles soll beruhigend wirken, gleichzeitig aber auch die Konzentration fördern und so ein Zu-sich-kommen möglich machen.

▼

Der Begriff **Basale Stimulation** setzt sich aus den lateinischen Wörtern basal = grundlegend und stimulatio = Anreiz, Anregung zusammen. Mit einfachen Mitteln wird hierbei versucht, Kontakt zu Menschen aufzunehmen, die eine schwere Mehrfachbehinderung haben oder die aufgrund einer Schädel-Hirn-Verletzung oder anderer Ursachen erheblich beeinträchtigt sind. Stimuliert werden sollen dabei Wahrnehmung, Kommunikation und Muskulatur. So versucht man zum Beispiel durch non-verbale Kommunikation, Kontakt zur betroffenen Person aufzunehmen und mithilfe von Klängen, farbigem Licht oder Massagen den Körper zu entspannen bzw. im Schwimm- oder Sprudelbad die Muskulatur zu stärken. Die Basale Stimulation versteht sich als pädagogisches und nicht als therapeutisches Konzept. Sie wurde von Prof. Andreas D. Fröhlich ab 1975 im Rahmen eines Schulversuches entwickelt und veröffentlicht. Prof. Fröhlich entwickelte das Konzept zunächst für den Bereich der Sonderpädagogik, in Zusammenarbeit mit Christel Bienstein wurde es inzwischen aber auch in den Bereich der Pflege übertragen. Aktuelle Informationen findet man unter www.basale-stimulation.de.

Begleitung in der emotionalen und psychischen Entwicklung

Das Alter ist eine Zeit, in der viele Menschen Mühe haben, sich selbst und die Einschränkungen, die es mit sich bringt, zu akzeptieren. Beziehungen werden schwieriger, Kontakte zu anderen Menschen seltener. So ist es gut, wenn den Senioren folgende Angebote gemacht werden:

- In **Erinnerungsstunden** bespricht man in der Gruppe bestimmte Lebensstationen wie Kindheit, Jugend, Beziehungen, berufliches Leben, Feste, Rituale u. a.
- **Gespräche** über Themen wie „alt werden", „wer bin ich – wer war ich?", „was kann ich noch tun?", aber auch über persönliche Probleme oder Verluste sowie Biografiearbeit (Kapitel 2.3) gehören dazu.

Unterstützung in der Kommunikation

Für die bessere Verständigung – wenn die Person nicht gut sprechen kann – gibt es folgende Möglichkeiten:

- **Gebärden** helfen, wenn Worte fehlen.
- **Piktogramme** erleichtern die Orientierung.
- **Unterstützte Kommunikation** meint die unterschiedlichen Methoden, die vor allem Senioren mit einer schweren Behinderung helfen, sich mitzuteilen.

Wer schlecht sieht, dem können folgende Hilfen Orientierung geben:

- passende **Sehhilfen,** z. B. eine Lupe mit Beleuchtung
- **Tonsignale** die helfen, sich zurecht zu finden
- großflächige **Symbole** an Türen
- **Lichtsignale,** z. B. unterschiedliche Beleuchtung in den Fluren und in den Zimmern

Zur Kommunikation gehören natürlich auch moderne Methoden wie Telefon, E-Mail und Handy. Manche Senioren haben vielleicht früher selbst einen PC benutzt, sie haben Handys und schreiben SMS. Auch hier gilt es, die Fähigkeiten zu erhalten, zu fördern bzw. neu zu erlernen. Warum nicht einen PC-Kurs für Senioren anbieten, bei dem man lernt, E-Mails zu schreiben?

Ermöglichen von Teilhabe am gesellschaftlichen und kulturellen Leben

Älteren Menschen mit geistiger Behinderung fällt es oft nicht leicht, sich alleine in der Öffentlichkeit zu bewegen. Auch wenn sie das in jüngeren Jahren vielleicht häufiger getan haben, sind sie jetzt eher unsicher und brauchen eine Begleitung. Natürlich ist das nicht immer ganz einfach zu organisieren, aber mit Unterstützung der Familienunterstützenden Dienste oder auch in der Gruppe lässt sich doch leichter für Teilhabe am Leben sorgen. Ganz wichtig dabei sind:

- Kontakte zu Familie, Freunden oder Arbeitskollegen
- Kontakte zu Vereinen, Kirchengemeinden, Freizeit- / Musikgruppen
- Besuch von Konzert, Theater, Kino, öffentlichen Veranstaltungen

Die Gesundheit erhalten

Dazu gehört Förderung und Erhaltung der Leistungsfähigkeit durch:

- **ausreichende Bewegung**: Hier bieten sich Gymnastikgruppen an, auch Spaziergänge oder Besuche im Schwimmbad.
- **richtige Ernährung:** Kochen gehört zu den beliebtesten Aktivitäten in der Tagesbetreuung. Es ist also nicht schwer, den Rentnern in diesem Rahmen Kenntnisse über gesunde Ernährung zu vermitteln bzw. eine gesunde Mahlzeit zuzubereiten.
- **Unterstützung bei hygienischen Verrichtungen:** Mit Einfühlungsvermögen sollten hier Fähigkeiten erhalten werden – sofern das möglich ist. Denn gerade die Hygiene gehört zu den besonders sensiblen Bereichen und Selbstständigkeit in dieser Hinsicht ist besonders wichtig.

Im Team der Tagesbetreuung arbeiten Erzieher, Heilpädagogen, Heilerziehungspfleger, Sozialpädagogen oder Sonderpädagogen – wie üblicherweise auch in den Wohneinrichtungen. Daniela Klähn, Leiterin der Fachabteilung tagesstrukturierende Maßnahmen bei der Fürst Donnersmarck-Stiftung schreibt:

> *„Die Gestaltung des Vormittags verläuft unter Einbeziehung der Interessen und Fähigkeiten der Teilnehmer. Eine ganzheitliche Sicht auf den Bewohner bildet die Grundlage unserer Arbeit. Mittels intensiven Beobachtens versuchen wir, die momentane Verfassung des Menschen, seine Stärken und Schwächen und vor allem sein Potenzial zu erfassen. Auch seine Lebensbedingungen ziehen wir in unsere Betrachtungen mit ein. Während der Beschäftigung achten wir darauf, dass sich Phasen der An- und Entspannung beim Bewohner abwechseln" (Klähn 2012).*

Die wiederkehrenden Aktivitäten bieten den Senioren mit einer geistigen Behinderung einen festen Rahmen, in dem sie sich sicher bewegen können. Was natürlich nicht heißen muss, dass die Senioren unterfordert werden. Wenn Kochen nur heißt „Obstsalat schneiden" und ins Theater gehen ein Besuch im „Kasperletheater" ist, dann sollte man hinterfragen, ob es nicht passendere Alternativen für Erwachsene gibt.

Ein weiterer Diskussionspunkt ist immer wieder die Frage „Wo sollen die tagesstrukturierenden Maßnahmen stattfinden?". Im Wohnheim, in einer gesonderten Einrichtung oder in der Werkstatt?

Eine eindeutige Antwort darauf kann es nicht geben und meistens muss man sich einfach den Gegebenheiten anpassen. Wer es aber aus der Perspektive der Senioren betrachtet, dem ist klar, dass vor allem möglichst viel Flexibilität wünschenswert ist. Diese können relativ unkompliziert sehr große Einrichtungen bieten, die Werkstatt, Wohnheim und sonstige Angebote in unmittelbarer Umgebung haben. Für alle anderen dezentralen Einrichtungen heißt das: Finden die tagesstrukturierenden Maßnahmen nicht im Wohnheim statt, müssen Fahrdienste organisiert werden und wer mit dem Bus irgendwo hinfahren soll, der muss sich natürlich an bestimmte Zeiten halten. Späteres Aufstehen oder früheres Heimkehren sind dann eher schwierig. Es ist von Vorteil, wenn die Wohneinrichtung selbst eine Senioren-Tageseinrichtung zur Verfügung stellen kann. Man kann sich dort gezielt um die Bedürfnisse der älteren Personen kümmern und die Fahrzeiten fallen weg.

Tagesstrukturierende Angebote in der Werkstatt lassen lang gewachsene Kontakte bestehen, weil ehemalige Arbeitskollegen immer noch da sind und man noch mehr vom Alltag mitbekommt. Je nach Kapazität und Flexibilität der Werkstatt ist es unter bestimmten Umständen möglich, dass älter werdende Mitarbeiter noch stundenweise an ihrem Arbeitsplatz sein können und die übrige Zeit Angebote für Senioren wahrnehmen. Spätestens mit dem Erreichen des Rentenalters sind solche Konstruktionen dann nicht mehr möglich, auch wenn der Mitarbeiter noch rüstig genug wäre.

> ! Wichtig ist der Informationsaustausch zwischen Angehörigen und Fachpersonal! Aber auch Wohnheim- und Werkstattmitarbeiter sollten einander unbedingt auf dem Laufenden halten, da nur ein gutes Zusammenspiel ermöglicht, Wünsche und noch vorhandene Fähigkeiten des angehenden Rentners denkbar individuell zusammenzubringen.

Manche Einrichtungen, die tagesstrukturierende Maßnahmen anbieten, laden die Angehörigen ausdrücklich ein, selbst einmal an den Angeboten teilzunehmen. Nehmen Sie dieses Angebot ruhig an! Falls eine solche Einladung nicht ausdrücklich besteht, fragen Sie danach und sehen Sie sich an, was gemacht wird. Denn zum einen kann es sehr sinnvoll sein, die Fähigkeiten der Senioren mit geistiger Behinderung einmal in einer anderen Umgebung zu erleben und zum anderen kann man sich für zu Hause die eine oder andere Idee im Umgang abschauen.

Hinter all diesen Angeboten der tagesstrukturierenden Maßnahmen steckt natürlich immer ein pädagogisch-therapeutischer Gedanke. Der ist ohne Frage richtig und wichtig, bedeutet aber, dass die Menschen mit Behinderung auch noch im Alter immer weiter gefördert und auf ihr Können oder Nicht-Können hin eingestuft werden. Deshalb wäre es schön, wenn zweckfreier Spaß und Entspannung nebenher auf alle Fälle möglich sein könnten. Vor allem in der Familie darf mit dem Fördern auch einfach mal Schluss sein! Die freie Zeit eignet sich sehr gut, um beispielsweise zu spielen. Dafür eignen sich Brettspiele, von denen es ja auch spezielle seniorengerechte Ausführungen gibt. Sie sind mit größeren, griffigeren Würfeln oder Figuren ausgestattet.

4.3 Freizeitangebote für Ältere

> ***Anneliese R.*** *hat erfahren wie gut ihrer Schwester* ***Susi*** *(56 J.) Abwechslung in ihrer Freizeit tut:*
> *„Als Susi in der Werkstatt nur noch Teilzeit arbeitete, saß sie zu Hause viele Stunden vor dem Fernseher. Sie versank immer mehr in die Welt der Seifenopern und hatte dann auch am Wochenende keine Lust mehr, mit uns etwas zu unternehmen. Auch ihre frühere Gruppe in der Offenen Behindertenarbeit (OBA), mit der sie gerne unterwegs gewesen war, interessierte sie nicht mehr. Als ich das in der Werkstatt erzählte, wies man mich auf eine Seniorengruppe der OBA hin. Dort würden altersgemäße Angebote wie Ausflüge oder Kurse angeboten. Das war genau der richtige Tipp. Jetzt besucht Susi wieder regelmäßig die OBA. Sie freut sich auf diese Treffen und kommt jedes Mal gut gelaunt zurück."*

Fragt man ältere Menschen mit einer geistigen Behinderung, was sie am liebsten in ihrer Freizeit tun, antworten die meisten: fernsehen, Musik hören, essen oder spazieren gehen, Konzerte besuchen, reisen, entspannen, Freunde und Familie treffen. Diese Aussagen zeigen ganz deutlich, dass eine ruhigere Gangart gewünscht wird. Niemand zweifelt heute mehr daran, dass eine sinnvolle Gestaltung der Freizeit gerade auch für Senioren mit geistiger Behinderung wichtig und richtig ist. Anders als ihre Altersgenossen ohne Behinderung haben die meisten von ihnen nicht die Möglichkeit, im Ruhestand einen Sportclub zu besuchen, Hobbys zu pflegen oder ein Feierabend-Bier in einer Bar zu trinken. Was bleibt ihnen also anderes übrig, als zu Hause bleiben?

Schon in jüngeren Jahren sind nur wenige Menschen mit einer geistigen Behinderung in der Lage, ihre freie Zeit selbstständig zu organisieren. Das wird im Alter nicht leichter. Auch schaffen es keineswegs alle, sich ohne Unterstützung mit öffentlichen Verkehrsmitteln zu bewegen und manche haben auch einfach keine Idee, was sie unternehmen könnten. Nun ist die Freizeit allerdings eine der wenigen Möglichkeiten, fernab von Förderung und Erziehung sein Leben selbstbestimmt zu gestalten.

Wolfgang Dworschak merkte in seinem Vortrag, den er anlässlich der 20-Jahr-Feier der Offenen Behindertenarbeit des Evang.- Luth.- Dekanatsbezirks in München hielt, Folgendes an:

> *„Zusammenfassend kann man sagen, dass der Lebensbereich Freizeit dem Menschen wie kaum ein anderer Lebensbereich die Möglichkeit bietet ‚sein Ding zu machen', seine persönlichen Wünsche und Bedürfnisse zu realisieren und damit einen Beitrag zur Konstituierung von Lebensqualität zu leisten" (Dworschak 2008, 61).*

Gerade Ältere sollten deshalb die Chance bekommen, die Angebote der inzwischen überall in Deutschland existierenden Offenen Behindertenarbeit, kurz OBA genannt, wahrzunehmen. Die unterschiedlichen Träger und Vereine haben sich in den letzten Jahren auf ältere Nutzer eingestellt. Sie bieten in ihren Programmen Kurse zur Weiterbildung, Reisen oder Wochenendveranstaltungen, Gruppenabende oder sportliche Aktivitäten.

Natürlich kommt es ganz darauf an, wie fit und beweglich der Senior mit geistiger Behinderung ist. Auch die individuellen Vorlieben, Interessen und Fähigkeiten sind entscheidend für eine passende Freizeitgestaltung. Dennoch ist unstrittig, dass sich manche Aktivitäten grundsätzlich besser für ältere Menschen mit geistiger Behinderung eignen als andere. Hier eine mögliche Auswahl:

- Tagesausflüge, Kurzreisen, weil viele abends gerne wieder zu Hause im eigenen Bett schlafen
- Ausflüge auf einem Schiff
- Konzertbesuche, eventuell auch in der Kirchengemeinde
- Musik machen wie z.B. Singen, Trommeln, Flöten
- Gruppenabende mit Spiel und Unterhaltung
- sanfte sportliche Aktivitäten wie Gymnastik oder Entspannungsübungen und Spaziergänge
- Filme anschauen, möglich wäre das u.a. auch für weniger mobile Rentner in einem Gruppenraum mit Beamer
- Museumsbesuche, am besten einen übersichtlichen Ausschnitt oder eine kleinere Ausstellung

- Theaterbesuche, sehr beliebt sind Volkstheater
- Kirchenbesuche

Manche Senioren sind aber auch nicht nur an Entspannung interessiert, sondern sie wollen sich fortbilden. Sofern es möglich ist, weil entsprechende Kurse angeboten werden, kann – je nach Vorliebe – vom Kochkurs bis zur Schreibwerkstatt natürlich alles in Frage kommen.

> ***Elly K.*** *ist sich sicher, dass vielfältige Freizeitangebote für ihren 49jährigen Sohn gut und wichtig sind:*
> *„Horst ist noch sehr mobil. Spiele, sportliche und kulturelle Angebote und Anreize führen auch dazu, dass ein Mensch nicht so schnell vergreist, dies ist bei unseren Kindern nicht anders – also sehr wichtig. Eine Unterstützung und Beratung ist für ihn schon deshalb hilfreich, um seine Grenzen abzustecken."*

Noch eine andere Möglichkeit, sich außerhalb von Wohnheim und Werkstatt in seiner Freizeit zu beschäftigen, ist, sich mit altersbedingten Fragen auseinanderzusetzen. Volkshochschulen oder auch Altenheime bieten gelegentlich Veranstaltungen für Senioren mit geistiger oder Lernbehinderung an. Man muss sich nur vor Ort entsprechend informieren. Die Themen sind unter anderem:

- Biografiearbeit (vgl. Kapitel 2.3)
- Gesprächskreise über bestimmte Themen wie „älter werden" oder „Selbstbestimmung"

Für die Finanzierung der Freizeiten und Freizeitaktivitäten ist prinzipiell die Eingliederungshilfe zuständig, genauer gesagt die „Hilfen zur Teilhabe am gesellschaftlichen und kulturellen Leben". Diese umfassen:

- Unterstützung, die dazu dient, dass ein Mensch mit Behinderung in Kontakt zu Menschen ohne Behinderung kommen kann
- Unterstützung, um Veranstaltungen wie Theater, Kino, Konzerte und Ähnliches zu besuchen
- Hilfsmittel, die nötig sind, um sich über das aktuelle Zeitgeschehen zu informieren oder die dazu dienen, dass man an kulturellen Ereignissen teilnehmen kann

Die Formulierungen sind allerdings eher vage, sodass im Einzelfall immer unterschiedliche Auslegungen möglich sind. Genau aus diesem

Grund ist es leider auch nicht ganz einfach, für die Freizeitangebote der OBAs genügend Geld von Städten und Gemeinden sowie von den Bezirken bzw. Landschaftsverbänden aufzutreiben. Häufig steht das Argument im Raum, Freizeit sei Luxus und wenn in öffentlichen Haushalten chronischer Mangel herrscht, fällt die Finanzierung von „Luxusgütern“ eben sparsamer aus.

Die meisten Angebote sind deshalb auch nicht kostenlos. Die Nutzer müssen sich mit einem bestimmten Betrag beteiligen. Auch die Fahrdienste sind überall unterschiedlich organisiert und man muss häufig selbst für die Finanzierung sorgen. Manche Städte und Gemeinden unterstützen aber die Mobilität ihrer Bürger mit Behinderung, indem sie – wie zum Beispiel in München – unter bestimmten Umständen sogenannte „Mobilitätshilfen“ vergeben. Dabei handelt es sich um die Finanzierung von Taxifahrten, deren Kosten unter bestimmten Umständen übernommen werden. Andere Städte und Gemeinden zahlen monatliche Pauschbeträge oder erstatten die Fahrtkosten gegen einen Nachweis.

! Setzen Sie sich am besten mit dem regionalen Anbieter von Behindertenfreizeiten in Verbindung. Klären Sie, was er anbietet, wie der Fahrdienst organisiert ist und welche Angebote es speziell für Senioren gibt.

Freizeit für die Angehörigen

Damit Angehörige, bei denen eine ältere Person mit Behinderung lebt, sich eine Pause gönnen können, gibt es verschiedene Hilfen.

Wer für ein paar Stunden oder auch tageweise eine Auszeit braucht, meldet sich am besten beim **Familienunterstützenden Dienst (FuD), Familienentlastenden Dienst (FeD)** oder auch beim **Fachdienst für Offene Hilfen.** Behinderten- und Wohlfahrtsverbände wie Lebenshilfe, Caritas, AWO oder Diakonie bieten sie als flexible Hilfe an. Dabei entscheiden die Familien selbst, wie lange oder wie häufig sie die Mitarbeiter in Anspruch nehmen wollen. Diese betreuen dann auch ältere Menschen mit geistiger Behinderung zu Hause oder sie unternehmen etwas mit ihnen. Die Finanzierung ist – wie meistens, wenn es um sogenannte Offene Hilfen geht – über die Eingliederungshilfe möglich (§§ 39+40 SGB XII, § 69 b SGB XII) sowie über die niederschwelligen Angebote nach dem Gesetz zur „Teilhabe und Rehabilitation“, wie sie im SGB IX formuliert sind. Üblicherweise wird zusätzlich eine bestimmte Summe (zwischen 7 und 12 Euro) pro Stunde für die Familien fällig, die dann über die Verhinderungspflege abgerechnet werden kann.

Angehörige, die in Urlaub fahren wollen oder aus anderen Gründen eine Auszeit brauchen, die sich über einen längeren Zeitraum erstreckt, haben die Möglichkeit, ihren älteren Angehörigen für insgesamt vier Wochen in **Kurzzeitpflege** unterzubringen. Leider sind solche Plätze rar. Es gehört also schon ein wenig Glück sowie die Bereitschaft dazu, auch längere Wege in Kauf zu nehmen. Sieht man von diesen Schwierigkeiten ab, dann bietet sich für Eltern bei Inanspruchnahme dieser Hilfe nicht nur die Möglichkeit, gelegentlich selbst einmal auszuspannen, man kann die Zeit auch dazu nutzen, dem Sohn oder der Tochter mit geistiger Behinderung einen Auszug von zu Hause nahe zu bringen. Viele haben immer daheim gelebt und sie können sich gar nicht vorstellen, wie man ohne Mama und Papa wohnt. Die überschaubare Zeit in einer Einrichtung könnte eine Neuorientierung zur Folge haben und auf einmal ist ein Umzug in eine Wohneinrichtung doch denkbar! In § 42 SGB XI ist die Kurzzeitpflege geregelt. Dort heißt es:

> *„Die Pflegekasse übernimmt die pflegebedingten Aufwendungen, die Aufwendungen der sozialen Betreuung sowie die Aufwendungen für Leistungen der medizinischen Behandlungspflege bis zu dem Gesamtbetrag von 1550 Euro ab 1. Januar 2012 im Kalenderjahr.“*

Weitere 1550 Euro stehen Angehörigen im Rahmen der **Verhinderungspflege** zur Verfügung. Die Summe kann immer dann eingesetzt werden, wenn der pflegende Angehörige eine Pause braucht. Ganz gleich ob es sich dabei um Stunden, Tage oder Wochen handelt. Voraussetzung ist nur, dass der Senior mit geistiger Behinderung zuvor zwölf Monate lang in seiner häuslichen Umgebung gepflegt wurde und dass die Ersatzpflegekraft nicht verwandt mit dem Pflegebedürftigen ist. Kümmert sich ein Verwandter stundenweise, dann übernimmt die Pflegekasse keine weiteren Kosten. Man kann natürlich das Pflegegeld dafür einsetzen, je nachdem ob bei dem Angehörigen mit Behinderung eine Pflegestufe bereits festgestellt wurde. Zusätzlich können aber nur „notwendige Aufwendungen“ wie Fahrtkosten erstattet werden.

Übrigens: Auch der Aufenthalt in einer Ferienmaßnahme kann als Verhinderungspflege anerkannt werden. Die Pflegekasse übernimmt dann die rein pflegebedingten Kosten. Unterkunft und Verpflegung muss man selbst übernehmen.

4.4 Finanzielle Fragen

Noch vor einigen Jahren war es gar nicht so einfach, ältere Menschen mit geistiger Behinderung in einer Werkstatt oder einer Förderstätte zu betreuen, wenn sie das 65. Lebensjahr erreicht hatten. Dies ist inzwischen anders, weil das Bundesverwaltungsgericht in einem Urteil den lebenslangen Anspruch auf Eingliederungshilfe bestätigt hat. Die sogenannte „Teilhabe am Arbeitsleben“ (Werkstatt) muss dafür in die „Teilhabe am Leben in der Gemeinschaft“ umgewandelt werden. Dann kann der ältere Mitarbeiter mit geistiger Behinderung an **Tagesfördergruppen** innerhalb der Werkstatt bzw. Förderstätte teilnehmen – finanziert von der Eingliederungshilfe. So wurde eine Voraussetzung geschaffen, um den angehenden Ruheständlern wenigstens einen Verbleib in der vertrauten Umgebung anbieten zu können.

Schwieriger ist das mit **Teilzeitstellen.** Auch sie sind eine gute Möglichkeit, um einen sanften Übergang von der vollen Berufstätigkeit in eine weniger anstrengende Tätigkeit umzuwandeln. Aber die Arbeit in einer Werkstatt für Menschen mit Behinderung ist eine Rehamaßnahme und die wird nur als Vollzeitbeschäftigung finanziert – laut § 6 Abs. 1 der Werkstättenverordnung. Deshalb muss bei einer Umwandlung des Werkstatt-Arbeitsplatzes in jedem einzelnen Fall nachgewiesen werden, dass Art und Schwere der Behinderung diese Verkürzung der Arbeitszeit notwendig machen.

Rente bekommen alle Rentner

Die gesetzliche Rente ist im Sozialgesetzbuch (SGB) VI geregelt. Für Personen, die eine Behinderung haben, sind drei unterschiedliche Formen von möglichen Rentenzahlungen vorgesehen:

- **Altersrente:** Personen mit einem Schwerbehindertenausweis haben schon zwei Jahre früher, also mit 63 Jahren und einer Wartezeit von 35 Jahren Anspruch auf Rentenzahlungen.
- **Rente wegen Erwerbsminderung:** Wer aus gesundheitlichen Gründen nur noch teilweise oder auch gar nicht mehr arbeiten kann, bekommt nach einer Wartezeit von fünf Jahren seine Rente, sofern er mindestens drei Jahre lang pflichtversichert war. Das heißt: Man muss auf dem freien Arbeitsmarkt tätig gewesen sein. Mit 65 Jahren wird diese Rente dann in eine Altersrente umgewandelt.

- **Rente wegen voller Erwerbsminderung:** Diese kommt für die meisten Menschen mit geistiger Behinderung in Betracht, zumindest wenn sie von Geburt an bzw. bereits vor Eintritt in das Berufsleben erwerbsgemindert waren. 20 Jahre beträgt die Wartezeit, während der man auch in einer Werkstatt gearbeitet haben kann. Die Rente kann bei der jeweiligen Landesversicherungsanstalt beantragt werden. Dazu kommt das Taschengeld, das vom zuständigen Sozialversicherungsträger in der Regel an Heimbewohner ohne eigenes Vermögen ausgezahlt wird. Da die meisten Mitarbeiter einer Werkstatt vorher deutlich weniger verdient haben, kann es passieren, dass durch die Rentenzahlungen die Grundsicherung wegfällt und dann auch das Kindergeld nicht mehr bezahlt wird. Im Normalfall kann sich der Rentner mit Behinderung aber über seine höheren Rentenbezüge freuen und sie als Ausgleich dafür sehen, dass der Werkstattlohn ja normalerweise eher niedrig ist. Und das Gute: Trotz der Rentenzahlungen darf man weiter in der Werkstatt arbeiten! Ab dem 60. Lebensjahr geht die Rente wegen voller Erwerbsminderung dann nahtlos in die Altersrente über.

Informationen zum Thema Rente bietet unter anderem die Broschüre der Deutschen Rentenversicherung „Reha und Rente für schwerbehinderte Menschen". Sie kann kostenlos unter www.deutsche-rentenversicherung.de heruntergeladen werden. Gebührenfrei ist auch das Service-Telefon der Deutschen Rentenversicherung, das unter der Nummer 0800-10004800 erreichbar ist.

Der Rentenversicherungsbeitrag wird durch den Staat geregelt. Er zahlt für jeden Werkstattmitarbeiter einen bestimmten Satz in die Rentenkasse ein. Nur wenn der Verdienst des Rentners 20 % höher war als die sogenannte Geringverdienergrenze für Menschen mit Behinderung oder der Mitarbeiter in einem Integrationsbetrieb beschäftigt ist, dann muss sich der Einrichtungsträger mit der Hälfte des Versicherungsbeitrags beteiligen.

Für Förderstättenbesucher werden keine Rentenzahlungen geleistet. Sie sind in der Regel über die Familienversicherung abgesichert, da für sie zwar die erforderlichen gesetzlichen bzw. privaten Sozialversicherungsbeiträge geleistet, aber keine Rentenzahlungen entrichtet werden.

5 Medizinische und pflegerische Aspekte

> ***Jana K.*** *ist Mitarbeiterin in einer Wohneinrichtung für Senioren mit geistiger und mehrfacher Behinderung:*
> *„Man merkt schon ganz deutlich, dass im Alter auch die Krankheiten zunehmen. Gerade bei älteren Personen, die schon ein Leben lang Medikamente nehmen müssen, weil sie zum Beispiel an Epilepsie erkrankt sind, zeigt der Körper deutlich Ermüdungserscheinungen. Auch Knochenbrüche, Ess- und Kaustörungen sowie erhebliche Seh- und Hörprobleme kommen oft vor. Zusätzlich machen uns Mitarbeitern auch psychische Verhaltensauffälligkeiten zu schaffen. Um damit richtig umgehen zu können, braucht man wirklich sinnvolle Aus- und Fortbildungen, was leider noch viel zu selten angeboten wird."*

Statistische Daten über die Zahl von Menschen mit Behinderung zu bekommen, die älter als 50 Jahre sind, ist schwierig. Die Folge davon: Die Lebensumstände der betreffenden Personen können zahlenmäßig nicht erfasst werden und weder der anstehende Pflegebedarf noch die notwendigen Hilfen sind entsprechend planbar. Natürlich ist Altern ein Prozess, der bei jedem individuell abläuft – das ist auch bei Senioren mit geistiger Behinderung so. Genetische Einflüsse sind dabei ebenso entscheidend wie bereits bestehende Vorerkrankungen. Zur körperlichen Gebrechlichkeit, die im Alter normalerweise zunimmt, werden inzwischen zunehmend häufiger auch psychische Erkrankungen diagnostiziert. Da man sich mit diesem Thema erst seit den 1990er Jahren ernsthaft befasst, gibt es auch noch nicht so lange Behandlungsmöglichkeiten speziell für Patienten mit einer geistigen Behinderung.

5.1 Psychische Veränderungen

Demenzen und Depressionen sind ein zentrales Thema im Zusammenhang mit dem Älterwerden. Die Tatsache, dass die Zahl der Betroffenen deutlich zugenommen hat, dass sich dadurch das ganze Leben verändert und dass neue Entscheidungen gefällt werden müssen, sind die naheliegenden Gründe dafür. Lange Zeit blieben Demenzen sowie psychische Veränderungen und Auffälligkeiten bei Senioren mit geistiger Behinderung unbeachtet. Eine gewisse Rückentwicklung oder auch ein Rückzug wurde einfach hingenommen, weil man nicht wusste, was man dagegen hätte unternehmen können. Erst in den 1990er Jahren gab es dann vermehrt Studien, die sich zunächst mit der Alzheimer-Demenz bei Menschen mit Down-Syndrom befassten. In diesem Zusammenhang wurde auch geklärt, dass andere Formen der Demenz bei älteren Personen mit geistiger Behinderung grundsätzlich häufiger zu finden sind als bei ihren Altersgenossen ohne Behinderung.

Inzwischen gibt es in Deutschland einige psychiatrische Kliniken mit Ambulanzen oder Stationen, die sich um diese spezielle Patientengruppe und ihre Erkrankungen kümmert. Leider sind sie noch nicht überall zu finden, denn dort trifft man auf Fachleute, die sich auskennen und die weitere wichtige Schritte einleiten können. Dazu gehört zunächst einmal die richtige Diagnose.

Gerade für Angehörige oder Mitarbeiter in Wohnheimen und Werkstätten ist es nicht immer leicht festzustellen, ob bestimmte Verhaltensauffälligkeiten zum Behinderungsbild gehören, eine Alterserscheinung oder Symptome einer psychischen Erkrankung sind. Deshalb sollte man in jedem Fall hellhörig werden, wenn sich ältere Menschen mit einer geistigen Behinderung auffällig verändern, sich zurückziehen oder aggressiv werden.

> ***Margot Z.*** *war eigentlich ganz froh, dass ihr Sohn* ***Siegfried****, 55 Jahre alt, seit vielen Jahren gerne in einer Wohngemeinschaft der Lebenshilfe am Ort lebte. Doch dann kamen auf einmal Probleme auf:*
> *„Siggi ist eigentlich ein ganz lieber Mitbewohner, aber plötzlich wurde er ziemlich aggressiv, wollte nicht mehr mit den anderen abends zusammen essen. Er bespuckte die Mitarbeiter und schrie laut, wenn man ihm zu nahe kam. In mehreren Gesprächen kam dann der Gedanke auf, dass Siggi vielleicht überfordert sein könnte. Ich bin deswegen auf Empfehlung mit ihm in eine Fachabteilung für Menschen mit Behinderung in unserer Psychiatrischen Klinik gegangen. Dort fand man heraus, dass Siggi wohl aufgrund seiner fortschreitenden Demenz ganz andere Unterstützung braucht. Für mich war das ein Schock! Jetzt müssen wir sehen, wie das weiter geht!“*

***Elke Lampart**, Mitarbeiterin in einer großen anthroposophischen Dorfgemeinschaft, beschreibt folgenden Fall:*
„Der 50. Geburtstag von Frau H. wird ganz groß gefeiert, danach wird Frau H. krank. Sie bekommt Gürtelrose, hohes Fieber, wird sehr schwach und braucht Tag und Nacht Begleitung. Als sie wieder gesund ist, fällt einiges ganz deutlich auf, was sich vorher schon abzeichnete, aber im gewohnten Umfeld nicht auffiel: Sie hört keine Musik mehr, ist immer die Langsamste bei Spaziergängen, geht nicht mehr zu Veranstaltungen und wird auch sonst ein bisschen wunderlich. Ihre Schwester bringt sie, früher als geplant, aus den Ferien zurück, ‚es geht nicht mehr'. Frau H. zieht in eine andere Wohngruppe. Hier arbeitet eine Krankenschwester mit viel Erfahrung in der Altenpflege. Immer öfter braucht Frau H. besondere Zuwendung, sie lässt sich mit keinem Mittel mehr in die Werkstatt bringen, steht vom Essen auf, redet laut, wenn alle beten, sie ist nachts wach, wenn die anderen schlafen und wird inkontinent. Sie erkennt manche Menschen nicht mehr, die Schwester wird energisch weggeschickt. Die Teppichkante wird zum unüberwindlichen Hindernis, die Treppe wird als solche nicht mehr erkannt. In vielen Situationen reagiert Frau H. nicht mehr ‚angemessen', sie hat jedoch große Fähigkeiten, die entsprechenden Unsicherheiten mit dem ihr eigenen Humor zu überspielen. Frau H. entzieht sich langsam unserer Welt, lacht, singt und weint in ihrer eigenen Welt. Sie läuft, steht oder sitzt, wann und wo sie möchte. Wir werden zum ‚wissenden Begleiter', müssen einen Raum für sie schaffen, in dem sie ohne ‚anzuecken' leben kann" (Lampart 2002, 5).

Demenzen

Für Demenzen gibt es unterschiedliche Ursachen. Sie können direkt an einer Erkrankung des Gehirns liegen, wie z. B. bei der Alzheimer-Demenz oder der vaskulären Demenz, die durch chronische Durchblutungsstörungen bedingt ist. Eine Demenz entsteht aber auch als Folge einer anderen Erkrankung wie einem Vitamin B-Mangel oder einem Hirntumor. Zusätzlich gibt es noch eine Pseudodemenz bei Patienten mit Depressionen, die Symptome einer Demenz nachahmt, aber mit der Besserung der Depression wieder verschwindet.

Bisher ist nicht bekannt wie viele Menschen mit einer geistigen Behinderung an einer Demenz erkrankt sind. Das liegt unter anderem daran, dass unterschiedliche Diagnosekriterien zu unterschiedlichen Ergebnissen führen. Nur bei Menschen mit Down-Syndrom hat man bisher eindeutig herausgefunden, dass sie häufiger an einer Alzheimer-Demenz erkranken als alle anderen Menschen.

Demenz in der ICD 10

Zur Diagnose einer Demenz wird von vielen Fachleuten die ICD-10 (International Statistical Classification of Diseases and Related Health Problems, 10. Version) empfohlen. Darin wird Demenz als Folge einer chronischen und fortschreitenden Krankheit des Gehirns definiert. Als Symptome werden Funktionsstörungen des Gehirns genannt wie zum Beispiel: Verlust von Gedächtnis, Orientierung, Lernfähigkeit, Sprache, Entscheidungsfähigkeit und anderes mehr. Weitere Symptome betreffen die Psyche und das Verhalten.

Normalerweise wird eine Demenz mithilfe des Patienten diagnostiziert, indem er Angaben über seinen Zustand macht. Zusätzlich gibt es Tests, mit denen man herausfinden kann, was sich verändert hat, und so erarbeitet man gemeinsam das Krankheitsbild. Aber die dafür erforderlichen Tests basieren üblicherweise auf Sprache, auf Lese- und Schreibfähigkeiten sowie Kenntnissen der eigenen Biografie. All das funktioniert bei Menschen mit geistiger Behinderung nicht – oder zumindest nicht so gut. Aus diesem Grund wurden spezielle Tests bzw. Erhebungsbögen entwickelt.

Eine „ärztliche Checkliste zur Durchführung einer Demenzdiagnostik bei Menschen mit Intelligenzminderung" sowie eine „Checkliste zur Erfassung von dementiellen Entwicklungen bei Menschen mit Intelligenzminderung (CEDIM)" hat Dr. Christian Schanze, Facharzt für Psychiatrie und Psychotherapie, entwickelt. Man findet sie im Sonderheft der Zeitschrift der Edition Bentheim „Medizin für Menschen mit geistiger oder mehrfacher Behinderung", 8/2011, 23–24.

Zusätzliche Informationen werden durch ergänzende Angaben – den jeweiligen Patienten betreffend – von Eltern und Angehörigen oder Mitarbeitern der Wohneinrichtungen gewonnen. Außerdem dürfen sie der Person mit geistiger Behinderung dabei helfen, die an sie gestellten Fragen zu beantworten. Die Informationen Dritter, die den Senior mit geistiger Behinderung gut kennen, sind also eine der wichtigsten Säulen für eine einigermaßen verlässliche Diagnostik.

Demenz bei älteren Menschen mit einer geistigen Behinderung erkennen
Eine schwierige Situation für Ärzte: Eltern, die ja selbst meist schon älter – und gelegentlich auch selbst schon an einer Demenz erkrankt sind –, nehmen deutlich weniger gut die altersbedingten Veränderungen ihrer Söhne und Töchter wahr als Mitarbeiter in Wohneinrichtungen, die häufig deutlich jünger sind.

Aber auch wenn die einschlägigen diagnostischen Verfahren verbessert wurden, ist nicht einfach herauszufinden, welche Form von Demenz ein älterer Mensch mit geistiger Behinderung überhaupt hat. Wünschenswert wäre deshalb, wenn man die Fähigkeiten der betreffenden Person, solange sie noch gesund ist, dokumentieren und genau festhalten würde, was er oder sie kann, vor allem in praktischer Hinsicht, wie z.B. Tisch decken, Spülmaschine einräumen, Maschinen in der Werkstatt bedienen, Lesen, Schreiben, öffentliche Verkehrsmittel benutzen usw.

Aber wer soll das machen? Und vor allem zu welchem Zeitpunkt? Wer möchte schon bei seinem Sohn oder der Tochter ständig genau wissen, was er oder sie **nicht** oder **nicht mehr** kann? Es gehört jedenfalls sehr viel Energie dazu, schon beim jungen Menschen zu beginnen, in regelmäßigen Abständen die Fähigkeiten aufzulisten und diese dann immer wieder zu überprüfen. Wirklich realistisch ist das jedenfalls nicht, auch wenn eine lückenlose Dokumentation im Falle des Demenzverdachts für die Fachleute sicherlich hilfreich wäre.

Manche Angehörigen verstehen auch nicht genau, warum es so wichtig ist zu wissen, um welche Demenz es sich handelt. Demenz ist aber nicht Demenz, und man kann nur gezielt helfen, wenn man die Ursachen und Zusammenhänge exakt kennt.

Um körperliche Ursachen auszuschließen, gehört zur gründlichen Diagnosestellung auch eine internistische Untersuchung. Hier soll herausgefunden werden, ob nicht zum Beispiel eine Unter- oder Überfunktion der Schilddrüse vorliegt. Auch Vitaminmangelerkrankungen, Elektrolytstörungen oder Medikamente, wie man sie gegen Bluthochdruck oder Herzerkrankungen einnimmt, müssen beachtet werden. Eine neurologische Untersuchung ist ebenfalls wichtig, weil man dadurch nicht nur bestimmte Erkrankungen erkennen kann, die Ursache für eine Demenz sein können, sondern möglicherweise auch einen Hinweis auf die Form der Demenz bekommt.

Ergänzend gehört noch eine psychiatrische Untersuchung dazu, denn dabei werden vor allem depressive Störungen erfasst, die ja manchmal auch fälschlicherweise für eine Demenz gehalten werden.

> ***Gisela H.**, Mutter einer Tochter mit Down-Syndrom, die schon mit Anfang 40 angeblich Anzeichen einer Demenz zeigte:*
> *„Mir war ganz elend zumute, als ich merkte, dass Heidruns Gedächtnis so schnell nachließ. Sofort habe ich gedacht: Jetzt ist sie da, die Demenz – so früh! Nach einigem Hin und Her schickte uns unser Hausarzt dann in eine Spezialambulanz, wo man bereits Erfahrung mit älteren Menschen mit Down-Syndrom hatte. Mehrere Tage mussten wir immer wieder dorthin kommen. Auch internistisch und neurologisch wurde meine Tochter gründlich untersucht. Dann stellten die Ärzte fest, dass Heidrun wegen ihres Herzfehlers ein Medikament bekam, das vielleicht der Auslöser sein könnte. Und tatsächlich, kaum hatten wir ein anderes Medikament, ging es Heidrun wesentlich besser. Heute ist sie wieder wie früher. Ich bin sehr froh!"*

Man braucht also ein wenig Geduld und muss recht viele Termine wahrnehmen, um eine möglichst genaue Diagnose zu bekommen. Manchmal stellt sich dann tatsächlich heraus, dass es eine Ursache gibt, die man beheben kann. Aber auch wenn eine andere Demenzform festgestellt wird, ist das noch kein Grund zur Panik, denn inzwischen gibt es Hilfen, die den Krankheitsverlauf abmildern oder auch hinauszögern. Bei Demenzerkrankungen unterscheidet man drei Phasen, die alle unterschiedlich lang dauern können:

- **Leichte Beeinträchtigungen:** Ein selbstständiges Leben ist noch möglich, obwohl die täglichen Aktivitäten bereits beeinflusst sind. So ist es zum Beispiel schwierig, etwas Neues zu lernen und komplizierte Aufgaben können nicht mehr ohne Weiteres erledigt werden. Verabredungen werden vergessen und Ähnliches mehr.
- **Mittelgradige Beeinträchtigungen:** Ein selbstständiges Leben ist nicht mehr so leicht möglich. Die betroffenen Personen erinnern sich nicht mehr unbedingt an vertraute Namen oder Gegenden. Sie verlaufen sich und haben Schwierigkeiten mit den Verrichtungen des täglichen Lebens.
- **Schwere Beeinträchtigungen:** Ein selbstständiges Leben ist nicht mehr möglich. Nur Bruchstücke des Gedächtnisses funktionieren noch. Auch nahe Verwandte, Freunde und Mitbewohner werden nicht erkannt. Meist kommt eine starke motorische Unruhe dazu.

Therapieansätze

In den letzten Jahren wurde eine Reihe von **Medikamenten** entwickelt, die man in der Therapie von Demenzerkrankten einsetzen kann – natürlich immer unter der Voraussetzung, dass möglichst wenige Nebenwirkungen auftreten und die sonstigen körperlichen Probleme berücksichtigt wurden. Da für jeden Menschen ein anderes Medikament sinnvoll sein kann, wird man sicherlich ein wenig Geduld mitbringen müssen, um das beste herauszufinden.

Um die Lebensqualität eines an Demenz erkrankten Menschen möglichst lange zu erhalten, empfiehlt man außerdem bestimmte Therapien wie Ergotherapie, Musiktherapie oder auch in bestimmten Fällen Verhaltenstherapie. Sie sollen dazu beitragen, dem Verlust an Fähigkeiten entgegenzuwirken oder auch die Verluste zu entschärfen. In gewissem Umfang können dazu auch Angehörige beitragen, indem sie

- ständig alltagspraktische Tätigkeiten üben lassen (Spülmaschine ausräumen, Tisch decken, Betten machen und andere tägliche Verrichtungen) und
- sich Merkhilfen ausdenken (Eselsbrücken bauen, Zettel schreiben und ankleben, Wecker stellen und anderes mehr).

Leider muss man aber sagen, dass weder die medikamentösen noch die therapeutischen Maßnahmen die meisten Demenzen heilen können. Sie können das Voranschreiten der Demenz höchstens verzögern oder den Verlauf erträglicher gestalten. Aus diesem Grund ist es wichtig, den Gesundheitszustand des Patienten immer wieder zu prüfen und zu fragen: Wie geht es dem Patienten? Wie fühlt er sich heute? Was tut ihm gut?

Depressionen

Fachleute gehen davon aus, dass die Anzahl von Menschen mit einer geistigen Behinderung, die an einer Depression erkranken, zahlenmäßig deutlich höher ist als in der Durchschnittsbevölkerung. Allerdings gilt auch hier – wie schon bei der Demenz –, dass die Diagnose nicht immer leicht zu stellen ist.

Es gibt typische und atypische Depressionen, die zusätzlich in leichte, mittelschwere und schwere unterteilt werden. Die Symptome wie Traurigkeit, Freudlosigkeit, Antriebsschwäche, Müdigkeit, Konzentrationsstörungen, Schlafstörungen, Appetitlosigkeit und Suizidgedanken sind besonders bei den typischen Formen der Depression deutlich ausgeprägt.

Fachleute sind sich einig, dass man bei Menschen mit einer geistigen Behinderung die atypische Form am häufigsten beobachten kann. So kann man bei diesem Personenkreis Verhaltensauffälligkeiten feststellen, die man auf den ersten Blick einer Depression gar nicht zuordnen würde. Auch Aggressivität oder Selbstverletzungen können möglicherweise Hinweise für eine Depression sein. Bei Patienten mit einer schweren Mehrfachbehinderung wäre unter anderem auch apathisches Verhalten ein Zeichen für eine depressive Krankheitsphase. Nicht vergessen sollte man außerdem, dass die Symptome einer Demenz denen einer Depression sehr ähnlich sein können.

Zusammenfassend kann man sagen, dass es ziemlich schwierig ist, bei Menschen mit einer geistigen Behinderung eindeutige Aussagen zu depressiven Erkrankungen zu machen. Deshalb muss der behandelnde Arzt bei dieser Patientengruppe immer in alle Richtungen denken und am besten mit Pädagogen, Psychologen und Angehörigen zusammenarbeiten, um eine Depression zu erkennen. Georg Theunissen schreibt hierzu:

> *„Grundlegend für die Diagnostik (von Depressionen) ist die Erstellung einer Lebensgeschichte und Anamnese, wobei sehr oft Auskünfte durch Bezugspersonen eingeholt werden müssen. Eine ‚verstehende Diagnostik' bleibt dabei nicht nur in der Erfassung von Problemen und ‚kritischen' Lebensereignissen stehen, sondern sie leistet zugleich auch eine ‚stärkeorientierte' Reise in die lebensgeschichtliche Vergangenheit durch Suche nach ‚positiven Botschaften', Kompetenzen, Entwicklungspotentialen, individuellen Ressourcen, Interessen, Bedürfnissen, Wünschen wie auch ‚kleinen Erfolgsgeschichten'" (Theunissen 2005, 54).*

Behandlungsmöglichkeiten

Da Depressionen unterschiedlichste Ursachen und Ausprägungen haben, sind natürlich auch die Behandlungsmöglichkeiten sehr vielfältig. Für einen Laien ist es zudem nur sehr schwer nachzuvollziehen, welcher Arzt welchen Ansatz verfolgt. Voraussetzung für eine gute Zusammenarbeit zum Wohle des Angehörigen mit geistiger Behinderung ist deshalb eindeutig das Vertrauen zum Arzt. Er muss entscheiden, wann und wie lange es sinnvoll ist, den Patienten mit Antidepressiva zu behandeln. Er muss weitergehende pädagogische oder auch – sofern das für den betreffenden Patienten überhaupt infrage kommt, weil vielleicht aufgrund der Behinderung die kognitive Beeinträchtigung zu stark ist – psychotherapeutische Hilfe in die Wege leiten. Leider wird die Finanzierung psychotherapeutischer Behandlungen von Menschen mit einer geistigen Behinderung nicht selten von den Krankenkassen abgelehnt, obwohl es inzwischen gute Ansätze gibt, die auch durchaus erfolgreich sind. Darüber hinaus haben bei leichteren Depressionen auch ganz unkomplizierte Methoden wie sportliche Angebote oder das Erlernen von Entspannungstechniken eine heilsame Wirkung.

5.2 Körperliche Veränderungen

Einen deutlichen Unterschied zwischen Senioren mit und ohne geistige Behinderung muss man zunächst einmal festhalten: Viele Störungen werden viel zu spät erkannt. Das bezieht sich nicht nur auf das Hören – hier gibt es Zahlen, die besagen, dass bis zu 80 % der Hörprobleme unerkannt und deshalb unbehandelt bleiben –, sondern auch auf Stoffwechselstörungen, Krebserkrankungen und viele andere gesundheitliche Einschränkungen. Verantwortlich für die diagnostischen Schwierigkeiten sind folgende Punkte:

1. **Kommunikationsprobleme** sind die häufigste Ursache dafür, dass Krankheiten verschleppt oder körperliche Einschränkungen gar nicht erst erkannt werden. Dass Menschen mit Behinderung oft nicht genau sagen können, was ihnen weh tut oder dass sie auf einmal schlechter sehen oder hören, ist der Hauptgrund für diesen Missstand.
2. Viele Menschen mit geistiger Behinderung werden schon seit ihrem Kleinkindalter medikamentös behandelt. Dabei ist beispielweise bekannt, dass die jahrzehntelange **Einnahme von Medikamenten** zur Behandlung von Epilepsie dazu führen kann, dass durch die Entmineralisierung der Knochen Osteoporose entsteht. Auf lange Sicht reagiert der Körper deshalb möglicherweise mit einer oder mehreren Folgeerkrankungen. Das gilt im Prinzip auch für eine Reihe von anderen Medikamenten, die über einen langen Zeitraum eingenommen werden müssen, kommt aber dennoch nicht sehr häufig vor.

3. Sehr ungünstig auf den Gesundheitszustand wirken sich **Bewegungsmangel und Übergewicht** aus. Dieses Grundproblem, das ganz besonders ältere Personen betrifft, die weniger mobil sind, ist bekannt. Dennoch lässt sich im Alltag meist nur sehr schwer etwas dagegen unternehmen, vor allem wenn die überflüssigen Pfunde bereits auf den Hüften sind. Sport und Bewegung wären da eine gute Idee, sind aber häufig nur eingeschränkt möglich. Dazu kommt, dass Mahlzeiten, Kaffeestündchen und Festivitäten zu den Highlights in der Werkstatt und im privaten Umfeld gehören und das Maßhalten nicht jedermanns Sache ist.
4. Schwierig gestaltet sich oft auch die **Untersuchung** selbst. So kann es für manche Senioren mit geistiger Behinderung eine unüberwindbare Hürde darstellen, wenn man sie im Röntgengerät zum Einatmen oder Luft anhalten auffordert. Auch die Angst vor dem unbekannten Gerät und den fremden Personen können zu Reaktionen führen, die unvorhersehbar sind. Geduldiges Zureden nützt auch nicht immer etwas und der beste Zahnarzt kann nicht helfen, wenn sein Patient den Mund nicht öffnet. Er muss also erfinderisch sein oder unter Umständen unter Vollnarkose behandeln. Belastet ein Arztbesuch einen Menschen mit Behinderung besonders stark, dann ist es nur zu verständlich, wenn Routineuntersuchungen auf das Allernötigste beschränkt werden.

> ***Lieselotte K.*** *ist Mutter einer 47 Jahre alten Tochter mit einer schweren Mehrfachbehinderung, die sich selbst nicht äußern kann:*
> *„Mit Lisa war ich schon immer ein Dauergast in Praxen und Krankenhäusern. Irgendwie scheint sie inzwischen genug davon zu haben, denn es wird immer schwieriger mit ihr. Schon wenn wir in unser Auto steigen (sie natürlich hinten drin im Rollstuhl), dann geht das Theater los. Sie jammert und schreit, auch wenn ihr gar nichts fehlt. Neulich musste dringend eine Spülung ihrer Gehörgänge gemacht werden. Das war fast unmöglich. Zu dritt haben wir sie festgehalten und waren danach völlig verschwitzt und erledigt. Lisa entwickelt in solchen Situationen Bärenkräfte. Wie soll das nur werden, wenn mal was wirklich Wichtiges ansteht? Das kann nur unter Vollnarkose gemacht werden. Ich habe jedenfalls die Kräfte nicht mehr, die dazu nötig sind!“*

Es gibt also mehrere Gründe dafür, warum ältere Menschen mit einer geistigen Behinderung höhere Gesundheitsrisiken haben. Deshalb ist es unbedingt wichtig, dass bei einer Erkrankung die Fachleute aufmerksam alle Möglichkeiten in Betracht ziehen, Wahrscheinlichkeiten kombinieren und sich Rat von den anderen behandelnden Kollegen holen. Grundsätzlich unterscheiden Fachleute drei Formen von Alters- und Krankheitsprozessen:

- **Altersbedingte Erkrankungen:** Dazu gehören die Verschlechterung von Seh- und Hörvermögen, Kau- und Schluckschwierigkeiten, Unterfunktion der Schilddrüse, Probleme der Muskeln und des Skeletts (Arthrose, Osteoporose) und Ähnliches mehr, was im weitesten Sinne auf Verschleißerscheinungen zurückzuführen ist.
- **Krankheiten, die typischerweise im Alter auftreten:** Hier sind z. B. Krebserkrankungen, Veränderungen im Immunsystem, Bluthochdruck und Diabetes gemeint.
- **Krankheiten,** die in jedem Lebensalter auftreten können, **die aber bei älteren Personen ernsthafte Konsequenzen haben:** Hierunter fallen unter anderem Infektionen der Atmungsorgane wie Lungenentzündungen oder Grippe und auch Unfälle.

Als Eltern und Angehörige ist man mit dem Gesundheitszustand des Familienmitglieds mit Behinderung meistens bestens vertraut. Man kennt die Medikamente, man weiß um ihre Wirkung und man sieht der Person an, wenn etwas nicht stimmt. Auch Wohnheimmitarbeiter kennen die betreffenden Patienten meistens recht gut. Mal angenommen, es handelt sich um einen Notfall, einen Sturz oder einen Unfall, dann muss natürlich möglichst schnell und effektiv gehandelt werden. Bei anderen Erkrankungen, wie Ess- und Schluckbeschwerden, Husten, Fieber oder ähnlichen Symptomen, ist es nicht immer so einfach, die individuellen Wahrnehmungen auch einem behandelnden Arzt mitzuteilen. Unterschwellige Gefühle und Ahnungen spielen eine Rolle. Aber wie kann man das vermitteln? Ganz gleich, ob es sich um einen Notfall oder um eine Routineuntersuchung handelt, als Angehöriger könnte man vielleicht Folgendes tun, um Probleme zu vermeiden:

Legen Sie eine Mappe an mit

- Kopien von möglichst allen Befunden – bitte keine Originale aus der Hand geben;
- einer Liste, auf der die verordneten Medikamente stehen. Bringen Sie diese regelmäßig auf den neuesten Stand;
- einer Liste, auf der schriftlich Allergien oder Unverträglichkeiten (zum Beispiel mit anderen Medikamenten) dokumentiert sind;
- Namen, Adressen und Telefonnummern aller behandelnden Ärzte;
- Kopien der Betreuerausweise.

Versuchen Sie außerdem immer,

- möglichst genau zu schildern, was Sie wahrgenommen haben (z.B. „Mein Sohn hat seit dem 15. April Husten");
- darauf zu bestehen, bei möglichst vielen Untersuchungen dabei zu sein, auch wenn Ihr Familienmitglied sich ganz gut verständlich machen kann. So vermeidet man Missverständnisse;
- sich Namen und gegebenenfalls Telefonnummer der behandelnden Ärzte geben zu lassen, damit Sie bei Rückfragen nachhaken können;
- von Befunden, die man sehen kann, ein Foto zu machen oder nehmen Sie von Verhaltensweisen einen kleinen Film auf – fast mit jedem Handy kann man das inzwischen problemlos tun.

Für Menschen mit Down-Syndrom hat das Deutsche Down-Syndrom InfoCenter in Lauf die sogenannten Gesundheitsbücher zusammengestellt. Dabei handelt es sich um Ordner, in denen alle medizinischen Unterlagen geordnet aufbewahrt werden können. Darin enthalten sind:

- Informationen über die gesundheitlichen Aspekte des Down-Syndroms
- ein kleines Wörterverzeichnis für schwierige Begriffe wie „Quartal", „Praxisgebühr" oder „Zuzahlung"
- eine gelochte Blattsammlung mit Tabellen z.B. zur Kontrolle von Gewicht

- Listen, in die Arztbesuche oder Therapiestunden eingetragen werden können
- Kopiervorlagen

Für 25€ bekommt man das Gesundheitsbuch beim Down-Syndrom InfoCenter, Hammerhöhe 3, 91207 Lauf (www.ds-infocenter.de).

Gerade wenn es um einen Menschen mit geistiger Behinderung geht, dann ist im Krankheitsfall eine vertrauensvolle Zusammenarbeit zwischen Angehörigen und Ärzten ganz besonders wichtig. Vorurteile und unbedachte Äußerungen machen das Verhältnis nicht einfacher. Ärzte und Kliniken sowie Pflegepersonal stecken in zeitlich ganz engen Rahmen. Man kann deshalb nicht erwarten, dass alle parat stehen, wenn man mit seinem Anliegen kommt. Man kann aber durchaus erwarten, Verständnis vorzufinden für die besondere Situation eines Menschen mit geistiger Behinderung. Danach ist es eine Frage der Offenheit und der Bereitschaft, sich aufeinander einzustellen, damit dem Patienten sinnvoll geholfen werden kann.

Rita N. *ist wütend über die Sprechstundenhilfe in der Augenarzt-Praxis in die sie mit ihrem Sohn, 54 Jahre alt, Down-Syndrom, bisher immer ging:*
„Man muss sich das mal vorstellen: Da warten wir erst mal über eine Stunde, nachdem ich doch extra langfristig einen Termin vereinbart hatte. Aber das kann ja mal passieren. Dann sollte Rudi Augentropfen bekommen, was er aber nicht zulassen wollte. Immer wieder habe ich versucht, ihn zu überreden. Nichts hat funktioniert. Helfen mochte die junge Sprechstundenhilfe auch nicht – dafür sei sie nicht zuständig, sagte sie. Als ich den Arzt sprechen wollte, hörte ich nur, wie sie zu ihrer Kollegin sagte: ‚Müssen wir solche Patienten eigentlich nehmen?‘ Jedenfalls bin ich da nie wieder hin gegangen, auch wenn der Arzt eigentlich ganz nett zu Rudi war.“

Katrin und Leopold Sch.*, Eltern von* ***Michael****, 48 Jahre alt, der aufgrund einer Epilepsie schwer behindert ist:*
„Wir haben glücklicherweise ganz gute Erfahrungen gemacht. Allerdings sind wir von Anfang an vor allem in einer Spezialklinik gewesen. Vorn dort aus hat man uns an entsprechend geschulte Ärzte, Zahnärzte usw. verwiesen. Wir haben bei all den vielen Krankheiten, die Michael durchmachen musste, natürlich auch mal einen hektischen Pfleger erlebt oder einen mürrischen Arzt, aber nie gab uns einer

das Gefühl, das sei aufgrund der Schwierigkeiten, die unser Michael macht, wenn man ihn untersuchen muss."

5.3 Im Krankenhaus

Eine besondere Herausforderung für alle Beteiligten ist es, wenn eine ältere Person mit einer geistigen Behinderung ins Krankenhaus muss. Da dies deutlich häufiger vorkommt als bei Senioren ohne Behinderung, muss man die derzeitige Situation genauer beleuchten.

Zunächst einmal ist festzuhalten, dass vor allem kleinere Kliniken meistens gar nicht auf Patienten mit einer geistigen Behinderung eingestellt sind. Natürlich können dort anstehende Operationen oder wichtige Behandlungen durchgeführt werden, aber der ganze Klinikablauf ist eigentlich nicht auf die besonderen Bedürfnisse eines Menschen mit geistiger Behinderung zugeschnitten, denn man braucht für diese besondere Patientengruppe vor allem zwei Dinge: Zeit und Geduld. Genau die aber sind im Krankenhausalltag Mangelware. Nicht nur Ärzte und Pfleger haben keine Zeit, auch die Dauer, für die ein Patient stationär aufgenommen werden kann, wurde in den letzten Jahren zunehmend verkürzt.

Schwierigkeiten aus Elternsicht

Eltern, deren Sohn oder Tochter eine geistige Behinderung hat, sind häufig sehr erfahren, wenn es um Krankenhausaufenthalte geht. Sie wissen bereits, dass man sich auf längere Wartezeiten, weite Wege und viele Formulare vorbereiten muss, und viele haben Strategien entwickelt, um damit zurechtzukommen.

Maria und Johann W. *leben mit ihrem Sohn* ***Thomas*** *(52) auf dem Land. Nur in der nächsten Kreisstadt gibt es ein kleines Krankenhaus:*
„Als die Werkstattmitarbeiterin bei uns angerufen hat, habe ich erst einen riesigen Schreck gekriegt. Wieder mal war Thomas umgekippt und hatte sich den Kopf angeschlagen. Da wir das Krankenhaus schon gut kennen, sind wir gleich beide losgefahren. Johann bleibt dann immer bei Thomas und beruhigt ihn, weil man ja meist warten muss. Ich gehe zur Aufnahme und fülle die Formulare aus, bringe die Krankenkassenkarte und eine Kopie des Betreuerausweises. Zu zweit haben wir das ganz gut im Griff, aber alleine ist das schon schwieriger."

Ein besonders wichtiger Punkt, der vielen Eltern immer wieder Schwierigkeiten bereitet, ist die Tatsache, dass Menschen mit einer geistigen Behinderung in einem Krankenhaus dringend eine kompetente Begleitperson brauchen. Diese Notwendigkeit wird schon im ersten Moment klar, wenn es um die Aufnahmeformalitäten geht. Sie können nur von jemandem erledigt werden, der gut schreiben und lesen kann. Zudem ist es für die Abklärung der Erkrankung sowie die Vorgeschichte und eventuelle andere gesundheitliche Probleme dringend notwendig, dass die Begleitperson in die Untersuchungen des Patienten einbezogen wird. Das ist deshalb immer ein bisschen problematisch, weil eine erwachsene Person natürlich normalerweise selbst über sich bestimmen kann. Ist die Begleitung im Krankenhaus nicht der gesetzliche Betreuer, so müssen die Ärzte sich rückversichern, bevor sie bestimmte Untersuchungen anordnen oder sogar einen Eingriff vornehmen – natürlich nur wenn kein Notfall vorliegt, der erfordert, dass es schnell gehen muss. Da die gesetzlichen Betreuer vielleicht nicht immer umgehend zur Stelle sein können, ist es in manchen Fällen sinnvoll, den Mitarbeitern im Wohnheim oder in der Werkstatt eine Vollmacht auszustellen, sodass sie im Notfall berechtigt sind, bestimmten medizinisch nötigen Untersuchungen zuzustimmen.

Eltern und Angehörige sollten ihren Betreuerausweis bei sich haben, um in besagtem Notfall belegen zu können, dass sie auch über medizinische Eingriffe bei ihrem Angehörigen mit geistiger Behinderung entscheiden dürfen.

Ist eine stationäre Aufnahme des Patienten geplant, wäre es in vielen Fällen wünschenswert, wenn eine Begleitperson – so wie das in Kinderabteilungen üblich ist – mit im Zimmer untergebracht werden könnte. Vor allem weil das Personal in den Kliniken üblicherweise nicht gewohnt ist, Menschen mit geistiger Behinderung zu pflegen. Leider ist das aber nur in Ausnahmefällen möglich, weil eine weitere Person im Zimmer finanziert werden muss und das ist bei Erwachsenen normalerweise nicht üblich. Es sei denn, die Mitaufnahme einer Begleitperson ist aus medizinischen Gründen notwendig – so steht das zumindest in §2 Abs.2 Nr. 3 des Krankenhausentgeldgesetzes (KHEntgG). Darüber hinaus leiden jedoch die meisten Kliniken chronisch unter Raumnot. Ein zusätzliches Bett ist also aus praktischen Gründen oft kaum unterzubringen. Dennoch gibt es immer wieder Möglichkeiten und Wege, die davon abhängen, wie flexibel, freundlich und erfinderisch Pflegepersonal und Ärzte sind. Genau genommen profitieren sie davon, zum Beispiel von der Unterstützung in der Pflege.

Wer keine Angehörigen mehr hat, für den ist diese Frage ungleich schwieriger zu lösen, da es für Mitarbeiter einer Wohneinrichtung fast unmöglich ist, einen der Bewohner für mehrere Tage ins Krankenhaus zu begleiten. Eng gestrickte Dienstpläne und Schichtsysteme lassen dies nicht zu. Außerdem muss man die Frage nach der Bezahlung stellen. Es gibt Eltern, die sich von Mitarbeitern des FuD (Familienunterstützenden Dienst; Kapitel 4.3) gelegentlich stundenweise am Bett des Angehörigen vertreten lassen. Sie können dafür die Verhinderungspflege (Kapitel 5.4) einsetzen.

> ***Barbara P.*** *hat gerade eine schwere Zeit durchgemacht, als ihre Tochter mit 55 Jahren erkrankte und fast vier Wochen lang im Krankenhaus bleiben musste:*
> *„Ich lasse mich nicht mehr nach Hause schicken, wenn Lise ins Krankenhaus muss. Natürlich war auch diesmal wieder kein Zimmer mehr frei, in dem ich mich auf einer Liege zu meiner Tochter legen konnte. Die erste Nacht habe ich also in einem Stuhl zugebracht. Am nächsten Morgen kamen die Schwestern dann und hatten ein größeres Zimmer. Dort war sogar eine Art Feldbett aufgestellt worden. Man hatte wohl eingesehen, dass ich als Helferin dringend nötig war."*

Begleitpersonen sind von allen Beteiligten sehr erwünscht, wenn ambulante Untersuchungen anstehen. Denn unbekannte Apparate oder dunkle Räume versetzen vor allem ältere Menschen mit geistiger Behinderung in Unruhe und Stress. Sie sind nicht in ihrer gewohnten Umgebung, verstehen nicht, was das Personal von ihnen möchte und verweigern deshalb die Mithilfe. Eine vertraute Person kann unterstützen und versuchen, die Notwendigkeit der Untersuchung verständlich zu machen oder Ängste zu nehmen.

> ***Lisa R.***, *Mitarbeiterin in einer Wohnstätte für Senioren, war schon häufiger mit einem Mitbewohner im Krankenhaus:*
> *„Herr D. ist eigentlich ein ganz ruhiger, netter Mann. Aber als er sich bei einem Sturz das Bein gebrochen hatte, mussten wir im Krankenhaus natürlich zum Röntgen. Dort war es ziemlich dunkel im Raum und Herr D. hasst dunkle Räume. Wir schoben ihn also hinein und ich wusste schon, dass er gleich anfangen würde zu schreien und zu weinen. Genauso kam es auch. Mit zwei ganz netten jungen Röntgenassistentinnen haben wir ihn dann erst einmal wieder hinaus auf den Gang geschoben und beruhigt. Ich habe im Wohnheim angerufen, wo wir das Lieblingskuscheltier hatten liegen lassen. Die brachten es*

schnell vorbei und in der Zwischenzeit versuchte ich, Herrn D. immer wieder zu erklären, wie so ein Röntgengerät funktioniert. Am Schluss ließ er es über sich ergehen. Er jammerte zwar die ganze Zeit, aber man konnte wenigstens eine Aufnahme machen."

Die Krankenhäuser haben auf Druck der Krankenkassen ihre Liegezeiten für Patienten deutlich verringert. Das ist für Angehörige, aber auch für die Wohnheime, in denen ältere Menschen mit geistiger Behinderung leben, von großer Bedeutung. Meist ist die operierte oder von ihrer Erkrankung geschwächte Person noch keineswegs in der Lage, ihren normalen Alltag wieder aufzunehmen, wenn sie aus dem Krankenhaus entlassen wird. Das bedeutet: Im Anschluss muss eine Pflege organisiert werden. Für Eltern heißt das, sich zu überlegen, ob sie dazu in der Lage sind. Auch die Wohnheime sind selten personell so ausgestattet, dass jemand dort über längere Zeit gepflegt werden kann, es sei denn, es handelt sich um ein Wohn-Pflegeheim. Falls es schwierig wird, die Pflege zu Hause oder im Wohnheim zu leisten, muss eine **Anschlussheilbehandlung** organisiert werden. Dafür wendet man sich an den Sozialdienst im Krankenhaus, der die Suche nach einer geeigneten Einrichtung übernimmt. Meist handelt es sich dann um Rehakliniken, die diese Nachsorge auf Antrag übernehmen. Eine Begleitperson unterzubringen ist in diesen Kliniken eigentlich kein Problem. Schwierig ist nur die Finanzierung, denn diese wird nicht von der Kasse übernommen. Man muss also in die eigene Tasche greifen.

Aber auch wer seinen Sohn oder die Tochter zu Hause pflegen möchte, sollte sich nicht überfordern und lieber gelegentlich Hilfe holen. So gibt es zum Beispiel einen Anspruch auf sogenannte **Behandlungspflege.** Sie wird dann bezahlt, wenn eigentlich eine Krankenhausbehandlung notwendig wäre, aber nicht ausführbar ist, oder wenn durch eine qualifizierte Pflege ein Krankenhausaufenthalt vermieden werden kann. Unter dem Oberbegriff „häusliche Krankenpflege" versteht man die Grund- und Behandlungspflege sowie die hauswirtschaftliche Versorgung der kranken Person. Anspruch darauf besteht vier Wochen lang – je nach Krankheit. In begründeten Ausnahmefällen kann die Krankenkasse die häusliche Krankenpflege für einen längeren Zeitraum bewilligen. Die Notwendigkeit muss aber vom Medizinischen Dienst festgestellt werden.

Eine andere Möglichkeit ist es, eine ambulante Pflegekraft über die Pflegekasse, also die Krankenkasse bzw. die Pflegeversicherung (Kapitel 5.4), abzurechnen. Das geht zum Beispiel, wenn das Pflegegeld als Sachleistung ausgezahlt wird. Keine pflegerische, dafür aber sonstige

Entlastung kann der Familienunterstützende Dienst (Kapitel 4.3) leisten. Mit seinen Mitarbeitern sorgt er dafür, dass die pflegenden Eltern und Angehörigen gelegentlich auch mal freie Zeit haben.

Ein spezielles Krankenhaus

Die Tatsache, dass die meisten Kliniken nicht wirklich für Patienten mit geistiger Behinderung geeignet sind, hat dazu geführt, dass man in Deutschland zumindest in einigen psychiatrischen Krankenhäusern spezielle Stationen eingerichtet hat. Auch Personen, die an Epilepsie erkrankt sind, finden inzwischen spezialisierte Kliniken und fachkundige Ärzte. Wo, das wissen die behandelnden Ärzte vor Ort meistens am besten. Eine große Ausnahme in Deutschland ist aber das Krankenhaus Mara der v. Bodelschwinghschen Stiftungen Bethel. Dort kümmert man sich speziell pro Jahr um etwa 1600 akut erkrankte Menschen mit leichten bis schwersten geistigen und körperlichen Mehrfachbehinderungen. Im Zentrum für Behindertenmedizin gibt es eine internistische und eine chirurgische Abteilung. Ärzte und Pflegekräfte verfügen über Spezialwissen und Erfahrung mit behinderungstypischen Krankheitsbildern und Problemen, und hier hat man sogar die Möglichkeit geschaffen, Patienten länger als sonst üblich stationär versorgen und pflegen zu können.

Weitere Informationen finden Eltern und Angehörige unter www.mara.de/zentrum-fuer-behindertenmedizin.html oder über die 24-Stunden-Telefonhotline für Fragen rund um die Behandlung und Pflege von Menschen mit einer Behinderung, Telefon: 05 21/772-77136.

5.4 Wenn Pflege nötig wird

Solange es irgendwie geht, wird man versuchen, einen älteren Menschen mit geistiger Behinderung in seiner gewohnten Umgebung zu belassen. Gerade für Senioren mit nachlassendem Gedächtnis ist ein Ortswechsel nicht so einfach. Doch wer zunehmend pflegebedürftig ist, muss natürlich auch entsprechend versorgt werden. In diesem Zusammenhang stellt sich dann immer wieder die grundsätzliche Frage nach den unterschiedlichen Leistungen der Eingliederungshilfe und der Pflegekasse. Dabei muss man festhalten, dass Menschen mit körperlichen, geistigen und seelischen Behinderungen einen Rechtsanspruch auf Eingliederungshilfe haben. Dabei handelt es sich um eine Fürsorgeleistung, die Teilhabe am gesellschaftlichen Leben ermöglichen soll. Im Gegensatz dazu ist die Pflegeversicherung eine Leistung der Sozialversicherung. Sie soll die körperlichen, geistigen und seelischen Kräfte des Pflegebedürftigen erhalten bzw. wiederherstellen.

Eine Verlegung in ein Pflegeheim bedeutet aber für einen Menschen mit geistiger Behinderung, dass er nicht mehr oder jedenfalls nicht mehr regelmäßig in den Genuss von Leistungen der Eingliederungshilfe kommt. Das ist natürlich nicht wünschenswert, da dann unter anderem die pädagogische Förderung und viele andere Aktionen zur Teilhabe nicht mehr gewährleistet sind. Aus diesem Grund fordern Einrichtungen der Behindertenhilfe, dass sich die Pflegekassen stärker als bisher beteiligen, wenn es innerhalb der Wohnheime darum geht, die pflegerische Leistung zu erhöhen.

Für pflegende Eltern sieht das wieder ein wenig anders aus. Sie nehmen in erster Linie Krankenkasse und Pflegekasse in Anspruch, wenn sie einen älteren Angehörigen mit geistiger Behinderung zu Hause versorgen. Anspruch hat man in dem Fall auf folgende Leistungen:

Pflegeversicherung

Wurde ein Mensch mit geistiger Behinderung bereits in jüngeren Jahren vom Medizinischen Dienst in eine Pflegestufe eingestuft, sollte man jetzt überprüfen, ob diese Stufe noch angemessen ist. Da ja nur die pflegerischen Aspekte angerechnet werden, kann es sein, dass ein Senior eine höhere Einstufung und damit auch mehr Geld für die Pflege bekommt. Grundsätzlich gibt es in der Pflegeversicherung drei Stufen. Sie beschreiben den jeweiligen Umfang des Pflegebedarfs. Wer erheblich pflegebedürftig ist und einen Hilfebedarf für die Grundpflege und die hauswirtschaftliche Versorgung von mindestens 1,5 Stunden hat, bekommt meist Pflegestufe I. Mindestens drei Stunden muss die Versorgung dauern, wenn Pflegestufe II anerkannt wird, und Pflegestufe III betrifft Menschen, die fünf Stunden täglich gepflegt und versorgt werden müssen. Gestaffelt ist dann auch der Betrag, den man erhält. Wer Sachleistungen in Anspruch nimmt, bekommt ebenfalls gestaffelt einen etwas höheren Betrag monatlich, der dazu verwendet werden kann, eine qualifizierte Pflegekraft zu bezahlen.

Wenn man als Angehöriger den Eindruck hat, der Sohn oder die Tochter sei pflegebedürftiger als zuvor, muss ein Antrag beim Medizinischen Dienst auf Höherstufung gestellt werden. Dabei spielt es zunächst einmal keine Rolle, ob der Senior mit geistiger Behinderung bereits in einer Pflegestufe ist. Nach einem Besuch eines Mitarbeiters des Medizinischen Dienstes wird man dann erfahren, ob der Antrag auf die höhere Pflegestufe vom Medizinischen Dienst der Krankenkassen (MDK) akzeptiert wurde oder nicht.

Bereiten Sie sich auf den Besuch des Medizinischen Dienstes genau vor! Am besten mit einer Art Tagebuch, in dem Sie minutengenau den Pflegeaufwand des Tages festhalten. Was im Einzelnen als pflegerische Tätigkeit anerkannt wird, finden Sie in Leitfäden, die von unterschiedlichen Behindertenverbänden wie der Lebenshilfe oder dem Bundesverband für körper- und mehrfach Behinderte immer wieder aktualisiert und herausgegeben werden. Eine Chance auf Einstufung bzw. Höherstufung hat man nur, wenn täglich eine gewisse Anzahl von Minuten zusammenkommt, in denen man pflegerisch tätig ist.

Auch wer im Wohnheim lebt, hat Anspruch auf Pflegegeld, allerdings wird es pauschal direkt an die Einrichtung entrichtet. Eltern und Angehörige bekommen dieses Pflegegeld aber anteilig für die Zeit ausbezahlt, in der sie den Sohn oder die Tochter mit Behinderung zu Hause pflegen. Dazu muss man von der Einrichtung eine Aufstellung der Tage bekommen, an denen der Bewohner zu Hause war. Diese Aufstellung reicht man dann bei der Pflegekasse ein.

Verhinderungspflege

Pflegepersonen, die mehr als ein Jahr gepflegt haben, das können auch die Mütter sein, haben Anspruch auf Leistungen, wenn sie selbst einmal verhindert sind. Das heißt, die Pflegekasse muss für längstens vier Wochen im Jahr eine Ersatzpflege bezahlen. Die Aufwendungen dafür sind – unabhängig von der Pflegestufe – auf rund 1450 € im Jahr begrenzt. Mit dieser Summe können natürlich auch professionelle Helfer (z. B. eines Familienentlastenden bzw. -unterstützenden Dienstes) bezahlt oder ein Aufenthalt in einer Kurzzeitpflegeeinrichtung finanziert werden.

Kurzzeitpflege

Vor allem für Familien mit Angehörigen mit schwerer Behinderung ist die sogenannte Kurzzeitpflege gedacht. Grundsätzlich aber hat jeder, der in einer Pflegestufe eingruppiert ist, pro Jahr 28 Tage lang Anspruch darauf, in einer anerkannten Kurzzeitpflegeeinrichtung rund um die Uhr versorgt zu werden. Auch hier gilt wieder der Höchstbetrag von rund 1450€ pro Jahr. Leider sind Kurzzeitpflegeplätze gar nicht so einfach zu finden. Eine Liste von entsprechenden Einrichtungen bekommen Sie beim örtlichen Gesundheitsamt, dem Sozialamt, der Lebenshilfe, der Caritas oder der AWO. Auch im Internet sind unter dem Stichwort „Kurzzeitpflege“ Adressen zu finden. Der allererste Schritt muss aber ein Antrag auf Kurzzeitpflege oder Verhinderungspflege bei der Pflegekasse sein, und zwar vor der Inanspruchnahme.

Zusätzliche Betreuungsleistungen

Darüber hinaus gibt es die Möglichkeit, 1200€ bei eher geringem Betreuungsaufwand und 2400€ bei erhöhtem Betreuungsaufwand einmal jährlich von der Pflegeversicherung zu bekommen, sofern eine Pflegestufe vorliegt. Aber auch wenn keine Pflegestufe zuerkannt wurde, hat man inzwischen anerkannt, dass Menschen mit „eingeschränkter Alltagskompetenz“ – und das trifft für Senioren mit geistiger Behinderung häufig zu – diesen zusätzlichen Betrag von der Pflegekasse bekommen. Diese sogenannte Pflegestufe 0 ist vor allem dann von Bedeutung, wenn der Angehörige mit geistiger Behinderung körperlich relativ fit ist, also wenig Pflege braucht, aber dennoch dauernd betreut werden muss, weil er zum Beispiel nicht allein zur Toilette gehen kann oder auch häufig wegläuft. Das Geld, das man für diese zusätzliche Betreuungsleistung bekommt, darf allerdings nur für eine Betreuungsperson verwendet werden, die bei einem Pflegedienst oder einer anderen, von der Kasse anerkannten Einrichtung arbeitet und die ihre Leistung dann direkt mit der Pflegekasse abrechnet. Man bekommt also kein Bargeld, das dann an die Freundin oder die Nachbarstochter ausgezahlt wird, die ein paar Stunden zum Aufpassen kommt. In diesem Fall bezieht sich die so genannte „Sachleistung“, die von der Pflegekasse übernommen wird, also ausschließlich auf die „Sache“ der Betreuung.

Pflegehilfsmittel

Sofern Hilfsmittel wie ein Pflegebett, Rollstuhl, Toilettenwagen oder Gehhilfen zur Pflege nötig sind, werden sie von der Pflegekasse bis auf einen geringen Eigenanteil bezahlt. Das gilt auch für Windeln.

Heil- und Hilfsmittel

Ein weites Feld sind die Heil- und Hilfsmittel. Hier gibt es eine ganze Fülle von Vorschriften und Regelungen. Man kann deshalb nur raten: Setzen Sie sich mit der Krankenkasse Ihres Angehörigen mit Behinderung in Verbindung und klären Sie – bevor Sie etwas kaufen –, wie viel davon übernommen wird. Ganz egal, ob es um ein neues Brillengestell, ein Hörgerät, Prothesen, Rollstühle oder Kommunikationshilfen geht, immer sollten möglichst eindeutige Beweise dafür erbracht werden, dass diese Hilfen benötigt werden. Am hilfreichsten hierfür sind deshalb Bescheinigungen vom behandelnden Arzt. Aber auch wenn Sie alle Bescheinigungen haben, machen Sie sich darauf gefasst, dass in sehr vielen Fällen ein Gerangel mit der Kasse beginnt. Dabei geht es immer darum, wer was und wie viel bezahlt. Lassen Sie sich auf alle Fälle nicht gleich einschüchtern. Oft helfen Elterninitiativen oder Internetforen mit Ratschlägen und Tipps weiter.

Familienunterstützende Dienste (FuD)

Schon für Eltern von Kindern mit einer Behinderung sind die Helfer der Familienunterstützenden Dienste (auch Familienentlastende Dienste genannt) oft ein Segen. Aber auch Angehörige von Senioren mit Behinderung können diese Mitarbeiter des Dienstes in Anspruch nehmen und sich dadurch gelegentlich eine Auszeit gönnen. Abgerechnet werden die Stunden über die Eingliederungshilfe oder über die Verhinderungspflege. Lebenshilfe, Caritas oder die AWO vor Ort können meist weiterhelfen und entsprechende Telefonnummern und Ansprechpartner nennen.

Gerade wenn ältere Eltern, die selbst körperlich gar nicht mehr sehr belastbar sind, ihren Angehörigen mit geistiger Behinderung pflegen, besteht die Gefahr der Überforderung. Nicht nur Kraft ist da gefragt, sondern auch psychische Stärke. Was kann man tun, um diesen Herausforderungen zu begegnen? Diese Frage versucht die Bundesarbeitsgemeinschaft der Senioren-Organisationen e.V. (BAGSO) in einem Ratgeber zu beantworten. „Entlastung für die Seele – Ein Ratgeber für pflegende Angehörige" ist der Titel. Man kann die Broschüre im Internet unter www.bagso.de/publikationen.html als PDF herunterladen.

6 Die Zügel aus der Hand geben

Johanna F. *ist 65, ihre Tochter zog vor neun Jahren in ein Wohnheim. Zu dieser Zeit war Johanna körperlich noch sehr fit:*
„Ich habe die gesetzliche Betreuung meiner Tochter übernommen und viele Jahre lang hatte ich den Ehrgeiz alles selbst zu regeln. Das ging auch relativ einfach, solange Carolin noch zu Hause gewohnt hat. Als sie dann ins Wohnheim zog, wurde die Sache schon etwas komplizierter. So gehören ja eigentlich die Arztbesuche zu meinen Aufgaben, aber mir wurde das auf Dauer alles zu viel. Vor allem weil Johanna ein Hörgerät hat, das ständig kontrolliert oder gereinigt werden muss. Deshalb habe ich seit einem halben Jahr alles, was damit zusammenhängt, delegiert. Das bedeutet, die Mitarbeiter des Wohnheims gehen jetzt mit Johanna zu allen Routineuntersuchungen und ich habe mir vorbehalten, nur bei wichtigen Fragen wie Operationen zu entscheiden, was gemacht werden soll. Ich fühle mich damit ganz wohl, auch wenn ich mich manchmal ärgere, wenn das Hörgerät mal wieder nicht gut funktioniert, weil es eigentlich gereinigt werden müsste."

Loslassen heißt nicht nur, Verantwortung abzugeben, es heißt auch, zu akzeptieren, wenn etwas anders läuft als es den eigenen Vorstellungen entspricht. Das ist schwierig, vor allem dann, wenn man jahrzehntelang gewohnt war, alles selbst in die Hand zu nehmen. Wenn man sich mit Behörden und Kassen auseinandergesetzt, Arzttermine vereinbart, notwendige Entscheidungen gefällt und immer wieder im Krankheitsfall gepflegt hat. Und dann soll man das alles auf einmal abgeben? Es kann einerseits eine Erleichterung sein, aber die Unsicherheit bleibt, ob andere Personen im Wohnheim, bei der Arbeit, in der Freizeit oder als gesetzliche Betreuer das genauso gut können wie Eltern oder andere Angehörige. Es spielt dabei keine Rolle, ob man einsieht, dass jetzt Jüngere die Aufgaben übernehmen sollten. Einsicht und Vernunft stimmen leider nicht immer mit den Gefühlen überein.

6.1 Selbstbestimmt leben

Unzählige Veranstaltungen, Fortbildungen, Kongresse, Gesprächsrunden und Veröffentlichungen gab es in den letzten Jahren zum Thema „Selbstbestimmt leben". Nicht immer verstehen alle Beteiligten dasselbe unter diesem Begriff. Wer kann denn wirklich völlig selbstbestimmt leben? Auch das Leben von Menschen ohne Behinderung ist in vielerlei Weise eingeschränkt. Spitzensportler kann man nicht werden, wenn man nicht die entsprechenden körperlichen Voraussetzungen hat, Nobelpreisträger wachsen nicht am Straßenrand. Es gibt viele Faktoren, die einen Lebenslauf bestimmen und darüber entscheiden, was aus einem Menschen wird und wie er sein Leben gestaltet.

Dennoch gibt es einen großen Unterschied: Menschen ohne Behinderung haben normalerweise eine Wahl. Sie können sich zwischen verschiedenen Möglichkeiten entscheiden. Für Menschen mit Hilfebedarf gibt es dagegen viele Einschränkungen: Der Gesetzgeber liefert Vorgaben, die Kostenträger finanzieren keine individuellen Extrawünsche, Werkstätten funktionieren nach einem bestimmten System, um Zuschüsse zu bekommen usw. Menschen mit Behinderung haben meistens keine Wahl, wenn es um die Auswahl der Mitarbeiter in ihrem Wohnheim oder die Mitbewohner geht. Innerhalb all dieser Vorgaben ist der Spielraum für selbstbestimmtes Leben ziemlich eingeschränkt: Er reduziert sich meist auf eine Art Mitbestimmung im alltäglichen Leben.

> ***Maren W.*** *ist alleinerziehend. Sie hat zwei Söhne,* ***Mark****, der jüngere, hat immer wieder schwere epileptische Anfälle. Beide leben nicht mehr zu Hause und haben sehr unterschiedliche Lebenspläne:*
> *„Marks älterer Bruder ist für zwei Jahre als Entwicklungshelfer nach Afrika gegangen – glühend beneidet von Mark. Bei jeder Nachricht sagte er: ‚Will ich auch!' Ich wusste manchmal nicht, was ich sagen sollte, ohne ihn auf seine Behinderung hinzuweisen und ohne ihm die Arbeit seines Bruders madig zu machen: ‚Du kannst das sowieso nicht' und ‚in Afrika ist das Leben schrecklich'? Ich habe immer eine positive Argumentation versucht: ‚Du wirst hier gebraucht!' Glücklicherweise ist er nicht jemand, der seine Wünsche mit Ausdauer und Disziplin umzusetzen versucht."*

Je weniger ein Mensch sich selbst mitteilen kann, desto schwieriger ist es, seine Signale zu verstehen und zu deuten. Da sind Menschen mit Behinderung, die sich gut artikulieren können, im Vorteil. Andererseits muss man ihnen auch immer wieder Wünsche abschlagen, die Menschen mit schwereren Beeinträchtigungen gar nicht erst äußern können.

Hinzu kommt, dass Kinder mit Hilfebedarf schon früh an eine Art Fremdbestimmung gewöhnt werden. Sie müssen Krankengymnastik machen und Logopädie. Sie müssen einen Rollstuhl benutzen oder können nicht allein aus dem Haus gehen. Sie werden erwachsen, aber sie benötigen trotzdem für viele Dinge Unterstützung, und die ist nur unter bestimmten Bedingungen zu haben.

Trotz oder gerade wegen all dieser Einwände ist es ungeheuer wichtig, so früh wie möglich und so weitgehend wie möglich Selbstbestimmung zuzulassen und zu üben. Je stärker ein Mensch auf sich selbst vertraut, desto eher wird es ihm gelingen, auch beim Prozess des Alterns mitzubestimmen, was er noch möchte, was er sich zutraut und was er verändern will.

> ***Barbara B.-L.*** *ist 75. Ihre Tochter* ***Karina****, 52 Jahre alt, lebt seit ihrem 25. Lebensjahr in einer betreuten Wohngruppe und hat dort gelernt, ihre eigenen Interessen weitgehend selbst zu vertreten:*
> *„Als Karina 50 wurde, hat sie entschieden, dass sie nicht mehr den ganzen Tag in ihrer Werkstattabteilung bleiben möchte. Ihr war das alles zu laut und zu stressig. Sie musste eine bestimmte Leistung erbringen und das fiel ihr zunehmend schwerer. Wir haben gemeinsam einen langsamen Übergang geschafft. Zuerst war sie nur noch vormittags in der Produktion und nachmittags in einer ‚beruhigten' Abteilung, wo sie jetzt ganztags beschäftigt ist – mit vielen Ruhepausen zwischendurch. Es ist ihr erstaunlich gut gelungen, ihre Bedürfnisse in der Werkstatt und im Wohnheim darzustellen und letztendlich auch durchzusetzen."*

Von Eltern ist immer wieder die Besorgnis zu hören, Selbstbestimmung sei nur ein anderer Ausdruck für mangelnde Fürsorge, für die Unlust der Mitarbeiter, sich mit verschiedenen Möglichkeiten auseinanderzusetzen. Das mag im Einzelfall stimmen oder zumindest so scheinen. Und dennoch gilt: Immer, wenn Menschen miteinander leben, müssen die Grenzen zwischen eigenen Wünschen und den Bedürfnissen der anderen ausgehandelt werden. Dies gelingt manchmal besser und manchmal schlechter. Aber gerade wenn man älter wird, ist es unerlässlich, dass alle Beteiligten versuchen, ihre Vorstellungen in Einklang zu bringen. Auch Menschen ohne Behinderung müssen, wenn sie altern, unter Umständen zurückstecken: Sie ziehen aus ihrer Wohnung in ein Altersheim, schaffen den Weg die Treppe hinauf und hinunter nicht mehr oder sie sind einfach mit mehr Ruhe zufrieden und leben eher in der Vergangenheit und im Heute, als dass sie immer wieder neue Entscheidungen treffen möchten. Routine ist ein verlässlicher Bestandteil des Lebens, wenn die Kräfte nachlassen.

Christina F. *ist Mitarbeiterin in einer Wohngruppe für Senioren. Sie erlebt immer wieder, wie Eltern sich mit dem Altern ihrer Söhne oder Töchter auseinandersetzen müssen:*
„Julias Mutter wollte zuerst gar nicht einsehen und verstehen, dass Julia inzwischen mehr Ruhe braucht. Sie hielt uns vor, dass wir bei ihrer Förderung zu wenig Einsatz zeigten. Aber Julia will nicht mehr jeden Abend etwas vorhaben. Oft ist sie sehr müde, wenn sie aus der Werkstatt kommt und will sich früh in ihr Zimmer zurückziehen und einfach nur ihre Ruhe haben. Ohne ihre gewohnten Abläufe und Strukturen ist sie total überfordert und verunsichert. Da ist sie übrigens nicht die einzige in unserer Gruppe."

6.2 Gesetzliche Betreuung

Normalerweise haben Eltern oder Angehörige von Menschen mit einer geistigen Behinderung schon in jungen Jahren dafür gesorgt, eine gesetzliche Betreuung für den Sohn oder die Tochter einzurichten. Eine Verpflichtung dazu besteht allerdings nicht, was vielleicht dazu verleitet, das Thema länger vor sich herzuschieben. Wer allerdings verhindern möchte, dass irgendwann fremde Menschen eingreifen (denn eine Betreuung kann jeder anregen, z. B. der Werkstattgruppenleiter, der Hausarzt, Nachbarn oder sonstige Personen im Umfeld), sollte eine gesetzliche Betreuung unbedingt in die Wege leiten. Die Vorgehensweise kann wie folgt beschrieben werden:

- Eine **Betreuungsanregung** ist schriftlich an das örtlich zuständige Amtsgericht / Vormundschaftsgericht zu richten. Aber auch telefonisch können Unterlagen für eine Betreuungsanregung angefordert werden. Entsprechende Vordrucke gibt es zum Herunterladen auf den Homepages der örtlichen Amtsgerichte. Danach ist es Aufgabe des Gerichts, tätig zu werden und zu prüfen, ob eine Betreuung notwendig ist und das sogenannte **Verfahren** beginnt (§ 69i Abs. 1 Satz 1 BGB).
- In einem **Gutachten** muss ein Sachverständiger (meistens ein Arzt) die Notwendigkeit und das Ausmaß der Betreuung feststellen.

- Danach folgt ein sehr wichtiger Teil des Verfahrens: die **Befragung** des Menschen mit Behinderung durch einen Richter. Hier geht es darum, die Notwendigkeit einer Betreuung zu beurteilen. Außerdem soll geklärt werden, ob der Betroffene mit dem vorgeschlagenen Betreuer einverstanden ist. Falls der erwachsene Mensch mit Behinderung nicht in der Lage ist, sich selbst zu äußern, bestellt das Gericht einen sogenannten Verfahrenspfleger, der sich darum kümmert herauszufinden, was der Wille des Menschen mit Behinderung ist.
- Abschließend wird vom Richter der Betreuer bestellt. Er bekommt eine **Bestellungsurkunde** (Betreuerausweis), die es ihm erlaubt, bestimmte Aufgabenbereiche für den Betreuten zu übernehmen. Darin findet sich auch eine Aufzählung der konkreten Aufgabengebiete. Das ist nötig, weil man die Betreuung auf ganz bestimmte Bereiche beschränken kann, abhängig von der Betreuungsbedürftigkeit des jeweils Betroffenen. Die Aufgabenbereiche können z.B. folgende Punkte betreffen: Personensorge (sie umfasst die Pflicht und das Recht, die Person zu pflegen, zu erziehen, zu beaufsichtigen bzw. Pflegekräfte, Pädagogen oder andere geeignete Personen für diese Tätigkeiten einzusetzen), Zuführung und Einwilligung in ärztliche Heilbehandlung, Gesundheitsfürsorge, Vertretung gegenüber Ämtern und Behörden, Vermögensvorsorge, Aufenthaltsbestimmung, Wohnungsangelegenheiten, Geltendmachung von Rechten, Entgegennahme und Öffnen der Post, Entscheidung über Fernmeldeverkehr.

Wer übernimmt die Betreuung?

Die zentrale Frage für älter werdende Eltern, die bereits eine Betreuung für den Sohn oder die Tochter mit Behinderung übernommen haben, ist: Wer kann für mich/uns eines Tages die Betreuung unseres Sohnes/unserer Tochter übernehmen?

Auch die Vormundschaftsgerichte müssen besondere Sorgfalt auf die Bestimmung des gesetzlichen Betreuers legen. Deshalb ist es ratsam, sich frühzeitig um einen guten Ersatz zu kümmern.

Im Grunde genommen ist es die Aufgabe des Vormundschaftsgerichts, geeignete Betreuer zu finden. Vorschläge werden aber meistens akzeptiert, vor allem, wenn es sich um nahe Angehörige handelt und es keinen triftigen Grund gibt, diese abzulehnen. Allerdings sollte ein Betreuer auch formal einige Voraussetzungen mitbringen:

- Volljährigkeit
- keine eigene Behinderung oder psychische Krankheit, die zu Geschäftsunfähigkeit führt
- geordnete wirtschaftliche Verhältnisse (keine Eintragung im Schuldnerverzeichnis)
- keine Vorstrafen (die im Führungszeugnis vermerkt wären)
- ausreichende deutsche Sprachkenntnisse (Amtssprache ist Deutsch)

Außerdem sollte der Betreuer

- in der Lage sein, den Betreuten regelmäßig zu besuchen (was der Bruder, der in USA lebt, z.B. nicht könnte);
- sich ausreichend um die Angelegenheiten des Betreuten kümmern und sich auch Zeit für den Betreuten selbst nehmen;
- den Pflichten gegenüber dem Gericht ordnungsgemäß nachkommen, also Vermögensverzeichnis, Rechnungslegung usw. sorgfältig erstellen;
- eine gewisse Grundfähigkeit im Umgang mit amtlichen Schriftstücken besitzen;
- Toleranz gegenüber dem Menschen mit Behinderung aufbringen;
- Respekt vor dem Willen des Betreuten haben.

Die Aufgaben und Anforderungen für einen Betreuer lassen sich wie folgt zusammenfassen:

> *„... ein Betreuer [soll] die Angelegenheiten eines behinderten Menschen rechtlich besorgen, die dieser, ohne Schaden zu erleiden, aufgrund seiner besonderen Behinderung nicht alleine zu besorgen vermag. Es handelt sich also um Aufgaben, die normalerweise ein erwachsener Mensch als Teil seines Alltags selbst für sich besorgt. Kommt er damit aufgrund mangelnder Kenntnisse oder Zeit nicht zurecht, nimmt er entsprechende Dienstleister wie Steuerberater, Rechtsanwälte, Ärzte, Pflegedienste usw. in Anspruch. Deren spezielle Kenntnisse gehören daher nicht zu den notwendigen Fähigkeiten eines Betreuers. Geht man davon aus, dass normalerweise jeder Mensch sich um seine Rechte und Interessen in der Gesellschaft sorgt, so bedeutet Betreuung, die Selbstsorge eines behinderten Menschen, soweit diese rechtliches Handeln erfordert, zu unterstützen, zu ergänzen und erforderlichenfalls stellvertretend wahrzunehmen. Deshalb können ehrenamtliche Betreuer aufgrund ihrer eigenen Lebenserfahrung mit entsprechender fachkundiger Unterstützung*

ihre Aufgaben in der Regel ebenso gut wahrnehmen wie berufsmäßige. Sie bringen ja die Erfahrungen aus ihrer eigenen Selbstsorge mit" (Arbeitsgruppe des Vormundschaftsgerichtstages e. V. zit. nach http://wiki.btprax.de/Betreuer_(Ehrenamt); 24.01.13).

Falls die Möglichkeit besteht, ist es grundsätzlich empfehlenswert, zwei Betreuer zu bestellen. Sie können sich entweder die Aufgabenbereiche teilen – d.h., ein Betreuer kümmert sich um das Vermögen, der andere um die Personensorge – oder sie bekommen den gleichen **Aufgabenkreis** übertragen und müssen gemeinsam über die Angelegenheiten der betreuten Person entscheiden. Wenn sie sich nicht einigen können, müssen sie dies allerdings dem Vormundschaftsgericht mitteilen, das dann einem der beiden Betreuer die Entscheidung übertragen kann. Sehr oft sind es beide Elternteile, die sich als Betreuer bestellen lassen. Fällt ein Elternteil wegen Krankheit aus, verstirbt oder zieht weg, können Geschwister oder andere nahe Verwandte bzw. Bekannte ersatzweise bestellt werden.

Diese Variante ermöglicht einen sanften Übergang sowohl für den Betreuten als auch für den jeweils neuen Betreuer, der seine Aufgaben nach und nach erlernen kann, sofern er nicht sowieso ein Profi ist. Im Folgenden werden die verschiedenen Gruppen dargestellt, die als gesetzliche Betreuer in Frage kommen.

Ehrenamtliche Betreuer

Die allermeisten Betreuungen werden von Angehörigen ehrenamtlich übernommen. So werden sich älter werdende Eltern wahrscheinlich auch zunächst in der eigenen Verwandtschaft nach einem Ersatzbetreuer für ihren Sohn oder ihre Tochter mit Behinderung umsehen. Da können Geschwister in Frage kommen, aber auch Cousinen oder Cousins sowie jüngere Tanten oder Freunde, die einen Bezug zu dem Betreuten haben. Die ehrenamtlichen Betreuer bekommen für ihre Tätigkeit pauschal einmal im Jahr eine Vergütung, müssen diese aber beim Vormundschaftsgericht beantragen.

Betreuungsvereine

Sehr wichtige Arbeit leisten Betreuungsvereine. Es handelt sich dabei um eingetragene Vereine, die häufig unter dem Dach von bekannten

Wohlfahrtsverbänden oder -vereinen angesiedelt sind. Die ehrenamtlich arbeitenden Mitglieder kümmern sich um Menschen, die ihre Angelegenheiten nicht mehr eigenständig regeln können. Auch der Verein selbst kann als gesetzlicher Betreuer auftreten. Betreuungsvereine haben die Aufgabe, für Beratung und Fortbildung ihrer ehrenamtlichen Mitarbeiter zu sorgen und sie über neue Regelungen oder Änderungen der Gesetze zu informieren. Finanziert werden Betreuungsvereine durch Zuschüsse von Ländern und Kommunen. Die ehrenamtlich arbeitenden Mitarbeiter bekommen – genau wie Familienmitglieder, die als gesetzliche Betreuer bestellt sind – eine Aufwandsentschädigung für ihre Tätigkeit.

Für Angehörige wichtig zu wissen: Für ehrenamtliche Betreuer – genauso wie für hauptamtliche Betreuer – gibt es keine Vorschriften, wie oft sie sich mit der von ihnen gesetzlich betreuten Person treffen müssen. Das heißt, es ist jedem Betreuer selbst überlassen, wie intensiv er sich kümmert. Allerdings fragt das Vormundschaftsgericht einmal jährlich nach, wann das letzte Treffen stattgefunden hat. Insofern muss man annehmen, dass der gesetzliche Betreuer wenigstens einmal pro Jahr persönlichen Kontakt mit der Person mit Behinderung haben sollte, die er betreut.

Man findet Betreuungsvereine entweder unter diesem Stichwort im Telefonbuch oder über die lokalen Verbände wie Caritas, Arbeiterwohlfahrt, Diakonie oder Lebenshilfe.

Für Eltern, die keine Angehörigen haben, die sich um ihre erwachsenen Kinder mit Behinderung kümmern können, ist es tröstlich zu wissen, dass verantwortungsbewusste Personen ihre Aufgabe einmal übernehmen werden.

Nehmen Sie Kontakt mit einem Betreuungsverein auf, bevor Sie dringend einen Ersatzbetreuer brauchen! Sie haben dann eventuell die Möglichkeit, geeignete Betreuer kennenzulernen. Vielleicht sagt Ihnen ein bestimmter Betreuer nicht zu – dafür ist jemand anderes dann die richtige Person. Außerdem ist es in dieser schwierigen Situation sicherlich gut, wenn wichtige Hinweise weitergegeben werden können und auch Ihr Sohn/Ihre Tochter die Chance hat, sich auf einen neuen Ansprechpartner einzustellen. Es ist eine große Erleichterung, wenn Sie feststellen können, dass diese wichtige Aufgabe in gute Hände übergeht!

Professionelle Betreuer

Für den ein oder anderen kann es aber auch sinnvoll sein, professionellen Betreuern den Vorzug zu geben. Diese arbeiten selbstständig oder sind bei Betreuungsvereinen oder -behörden angestellt. Für Berufsbetreuer gelten übrigens keine speziellen Anforderungen, so dass im Prinzip jeder diese Tätigkeit ausüben kann. Zwar prüft das Vormundschaftsgericht üblicherweise die Qualifikation, doch ist es sicherlich sinnvoll, wenn auch Eltern darauf achten, ob der professionelle Betreuer wenigstens eine sozialpädagogische oder juristische Ausbildung vorweisen kann. Unabhängig von der beruflichen Vorbildung sollte ein Betreuer nicht nur genügend Berufs- und Lebenserfahrung für seine Aufgabe mitbringen, sondern selbstverständlich auch eine soziale Einstellung haben, damit er sich auch tatsächlich persönlich für den Betreuten engagiert. Für ihre Tätigkeit bekommen Berufsbetreuer eine Vergütung, die entweder aus dem Vermögen des Betreuten oder – wenn dieser keines hat – vom Vormundschaftsgericht bezahlt wird.

Beklagt wird immer wieder, dass gesetzliche Betreuer von den Vergütungen nicht leben können. Einige hauptamtlich tätige Betreuer nehmen deshalb immer wieder sehr viele Betreuungen an. In solchen Fällen ist es natürlich nahezu unmöglich, sich um die betreuten Personen individuell zu kümmern.

Mitarbeiter als Betreuer

Es kann gelegentlich vorkommen, dass man einen besonders zuverlässigen Mitarbeiter im Wohnheim oder in der Werkstatt des Angehörigen mit Behinderung als Betreuer ins Auge gefasst hat. In diesem Fall ist allerdings die Einschränkung zu beachten, dass der Betreute auf keinen Fall in einem Abhängigkeitsverhältnis zu seinem gesetzlichen Betreuer stehen darf. Das bedeutet, der gesetzliche Betreuer sollte möglichst nicht in der Einrichtung arbeiten, in der der Betreute lebt (§ 1897 Abs. 3 BGB) – das gilt für Werkstattmitarbeiter natürlich genauso. In manchen Bundesländern gilt diese Bestimmung darüber hinaus auch für Mitarbeiter von Betreuungsvereinen.

Wechsel des Betreuers

Falls Eltern nicht sicher sind, ob ihr Sohn oder ihre Tochter mit dem von ihnen ausgesuchten Betreuer zurecht kommt, ist es sinnvoll, einen Betreuungsverein oder die Betreuungsbehörde zu beauftragen. Gemäß § 1900 BGB kann in einer Erprobungsphase ein mehrmaliger Wechsel von Betreuungspersonen erfolgen, ohne stets das komplette Verfahren neu aufrollen zu müssen. Der Betreute hat so die Chance, einen Betreuer zu finden, zu dem der Aufbau eines Vertrauensverhältnisses möglich ist.

Prinzipiell muss dem Vormundschaftsgericht eine Änderung des Betreuers immer mitgeteilt werden. In diesem Fall findet erneut eine Anhörung des Betroffenen statt. Dieser wird dazu befragt, ob er oder sie mit dem neuen Betreuer einverstanden ist. Stellt sich dabei heraus, dass der Betreute die Frage des Betreuerwechsels nicht versteht, so muss wiederum ein Verfahrenspfleger bestellt werden, der im Sinne des Menschen mit geistiger Behinderung antworten soll. Nur so kann nach Ansicht der Rechtsprechung dem grundgesetzlichen Anspruch des Betroffenen auf rechtliches Gehör entsprochen werden.

! Das Vormundschaftsgericht ist keineswegs verpflichtet, den von Eltern oder Angehörigen ausgesuchten Ersatzbetreuer einzusetzen. Auch wenn Sie als nahe Angehörige eines Betreuten einen Betreuerwechsel wünschen, nachdem das ursprüngliche Betreuerwechselverfahren abgeschlossen wurde, so handelt es sich lediglich um Anregungen an das Vormundschaftsgericht. Wird das Vormundschaftsgericht nicht tätig, steht Ihnen keine Beschwerdebefugnis gegen diese Entscheidung zu. Normalerweise folgt das Vormundschaftsgericht jedoch den Vorschlägen, sofern sie für den Menschen mit Behinderung sinnvoll erscheinen.

Sterilisationsbetreuer

Sollte eine Sterilisation für einen älteren Menschen mit geistiger Behinderung überhaupt noch ein Thema sein, muss – zusätzlich zum gesetzlichen Betreuer – ein weiterer Betreuer für die Einwilligung zur Sterilisation bestellt werden (§ 1899, Abs. 2). In diesem Fall gelten besonders strenge Maßstäbe, weil eine Sterilisation einen sehr schweren

Eingriff in die Persönlichkeit darstellt. Um Zwangssterilisationen von Menschen mit Behinderung – wie zur Zeit des Nationalsozialismus – zu vermeiden, sind hohe Hürden eingebaut worden, bevor eine Sterilisation überhaupt vorgenommen werden kann.

Will ich überhaupt Betreuer sein?

Selbstverständlich ist es für ältere Eltern beruhigend zu wissen, wenn es Geschwister oder andere Angehörige gibt, die sich in ihrem Sinne um den Sohn oder die Tochter mit geistiger Behinderung kümmern. Aus Sicht der Angehörigen sollte diese Aufgabe aber nicht leichtfertig übernommen werden – z. B. nicht nur, um den Eltern einen Gefallen zu tun.

Es ist dabei natürlich ein wesentlicher Unterschied, ob man plötzlich ins kalte Wasser geworfen wird, weil die Eltern versterben oder bettlägerig werden oder ob man sich zusammen mit ihnen auf die Tätigkeit als Betreuer vorbereiten kann. Familienangehörige, Freunde oder Bekannte, die als ehrenamtlich tätige gesetzliche Betreuer infrage kämen, sollten sich vorher einige Fragen stellen und sie möglichst ehrlich beantworten.

Was Sie sich fragen sollten:

- Möchte ich mich in Zukunft um die Angelegenheiten dieses Angehörigen / Freundes / Menschen mit Behinderung kümmern?
- Wie komme ich mit diesem Menschen, den ich betreuen soll, zurecht?
- Möchte ich derartige Pflichten tatsächlich dauerhaft übernehmen?
- Wie sieht mein Leben derzeit aus? Habe ich genug Zeit und Nerven für diese Aufgabe?
- Gibt es noch andere Personen in der Familie, mit denen ich mir die Aufgabe teilen könnte?
- Wie steht meine eigene Familie dazu?
- Wie sehen meine Zukunftspläne aus?
- Wie würde ich diese Aufgabe angehen? Genauso, wie die Eltern oder sehe ich meine Aufgaben anders?
- Lassen mir die Eltern genug Spielraum, um die Aufgabe auf meine Art zu bewältigen oder suchen sie jemand, der ihre eigenen Vorstellungen verwirklicht?

Wahrscheinlich wird es unmöglich sein, sich für immer und ewig festzulegen, aber der Angehörige mit Behinderung sollte schon eine sichere Perspektive haben, wenn es um seine Betreuung geht. Es ist also wichtig, sich nicht gedankenlos zu verpflichten.

> ***Annegret H.*** *kümmert sich gern um ihren Bruder, aber häufig gerät sie bei diesem Thema mit ihren Eltern in Konflikt:*
> *„Wenn ich meinen Bruder in seinem Wohnheim besuche, habe ich immer eine Menge Aufträge dabei und nach dem Besuch muss ich meiner Mutter haarklein berichten, ob ich alles ausgeführt habe, was wir gemacht haben und wie es ihm geht. Das ist ausgesprochen lästig und verleidet mir diese Besuche ziemlich. Ich fürchte, das wird sich auch nicht ändern, wenn ich offiziell seine Betreuung übernehme und deshalb habe ich dazu eigentlich keine Lust."*

Darüber hinaus gibt es noch ganz andere Gründe, sich gelegentlich Gedanken über die Aufgaben als Betreuer zu machen. Denn vor allem bei älter werdenden Menschen mit Behinderung ist gelegentlich eine Bestandsaufnahme wichtig:

- Was hat sich verändert?
- In welchem Bereich braucht der Betreute mehr Unterstützung?
- Braucht er/sie vielleicht in einem anderen Bereich weniger Unterstützung?

Jedenfalls darf sich der Betreuer nicht damit zufrieden geben, die ihm zugewiesenen Aufgaben einfach zu erledigen und sich ansonsten nicht weiter um seinen Betreuten zu kümmern. Man ist sogar gesetzlich dazu verpflichtet, gelegentlich zu überprüfen, ob die übertragenen Aufgabenkreise noch immer dem Wohl des Betreuten entsprechen. Alle Umstände, die für eine Änderung sprechen, müssen daher nach § 1901 V Satz 2 BGB dem Vormundschaftsgericht mitgeteilt werden.

Sollte sich herausstellen, dass die Aufgaben des Betreuers eher eingeschränkt werden sollten, weil der Betreute vielleicht Fähigkeiten erworben hat, die ihm erlauben, einiges doch selbst in die Hand zu nehmen, dann gelten dieselben Verfahrensbestimmungen wie für die Aufhebung der Betreuung (§ 69i III BGB).

Falls die Aufgabenkreise des Betreuers erweitert werden sollen, weil der Betreute einige seiner Fähigkeiten verloren hat, wird das gleiche Verfahren eingeleitet wie bei der Einrichtung einer Betreuung, also Anhörung, Gutachten usw. Als wesentliche Erweiterung gelten z. B.

Post- oder Telefonkontrolle, Einwilligung in Heilbehandlungen oder Freiheitsentzug (damit ist bspw. eine notwendige Einweisung in eine geschlossene psychiatrische Abteilung gemeint). Liegt das letzte Verfahren allerdings nicht länger als sechs Monate zurück, kann das Gericht auf eine persönliche Anhörung und auf ein Gutachten verzichten.

Kosten

Das Gutachten des Sachverständigen und die Gerichtskosten muss der Betroffene nur dann selbst bezahlen, wenn sein Vermögen 2500 € übersteigt oder einzusetzendes Einkommen (nach § 1836c in Verbindung mit § 85 ff. SGB XII) vorhanden ist. Die Kosten für den Verfahrenspfleger sind schon bei einem Vermögen von mehr als 2301 € vom Betroffenen selbst zu tragen.

Wird ein berufsmäßiger Betreuer bestellt, muss dessen Tätigkeit ebenfalls vom Betroffenen bezahlt werden, wenn dessen Vermögen 2301 € übersteigt.

Bei detaillierten Kostenfragen können von den Rechtspflegern beim Vormundschaftsgericht Auskünfte erteilt werden.

Die Betreuungsbehörde

Die Mitarbeiter dieser Dienststelle bei Stadt- und Kreisverwaltungen sollen Betreuern durch Beratung und Unterstützung helfen. Das Gericht kann die Dienste der Betreuungsbehörde ebenfalls beanspruchen bei der Aufklärung von Sachverhalten und der Suche nach geeigneten Betreuern. Die Betreuungsbehörde muss auch selbst Betreuungen übernehmen, wenn sich sonst niemand findet.

6.3 Zuständigkeiten klären

Zwar ist die Regelung der gesetzlichen Betreuung unverzichtbar, aber es gibt darüber hinaus noch eine Reihe von Aufgaben, von denen klar sein sollte, wer sie verantwortlich übernimmt. Vor allem dann, wenn Eltern älter werden und die Zügel aus der Hand geben wollen, muss eindeutig geklärt werden, wer zuständig ist für die notwendigen Aufgaben in der Begleitung des Angehörigen mit geistiger Behinderung.

Meistens bezieht sich das auf die Gesundheit, auf Körperpflege, Kleidung und ähnliche Punkte. Lebt der betagte Angehörige in einem Wohnheim, werden die Aufgaben wahrscheinlich am besten in die Hände der dortigen Mitarbeiter gelegt. Kümmern sich aber Geschwister oder andere Verwandte, kann nur eine genaue Absprache verhindern, dass sich im Endeffekt niemand wirklich zuständig fühlt. Auch wenn die Gesundheitsfürsorge zum Aufgabenkreis eines gesetzlichen Betreuers gehört, sollten Pflichten klar aufgeteilt werden. Sicher entscheidet der Betreuer, ob und wann z. B. eine Operation nötig ist, aber was ist mit den „kleinen" Problemen? Muss man jedes Mal den gesetzlichen Betreuer fragen, wenn es darum geht, neue Einlagen zu bestellen? Können Mitarbeiter aus dem Wohnbereich entscheiden, ob ein Sehtest gemacht werden muss? Um Unklarheiten gar nicht erst aufkommen zu lassen, empfiehlt es sich, eine Liste anzulegen, in der festgelegt wird, wer welche Pflichten hat. Dazu können z. B. gehören:

- eine regelmäßige Überprüfung des Seh- und Hörvermögens
- Überprüfung der Hilfsmittel (Brille, Hörgerät, Einlagen, ...)
- Impfungen
- kleinere medizinische Eingriffe
- regelmäßige zahnärztliche Kontrollen
- Vorsorgeuntersuchungen
- Arztbesuche

Diese Liste sollte regelmäßig überprüft werden, sowohl im Hinblick auf die sich verändernden Bedürfnisse des Betreuten als auch unter dem Aspekt, was Angehörige selber noch zu leisten bereit und fähig sind. Trotz allem wird man im Einzelfall immer wieder Absprachen treffen müssen, denn oft geht es auch darum, wie teuer z. B. eine Brille sein darf und wer sonstige Kosten trägt, die nicht von der Kasse erstattet werden.

> ***Gertrud E.*** *fürchtet, dass ihre Tochter einen Arztwechsel nicht gut verkraften würde:*
> *„Ich möchte einfach gern weiterhin zu unseren gewohnten Ärzten gehen. Die kennen meine Tochter und mich seit vielen Jahren. Auch Siegrun ist in den vertrauten Räumen viel entspannter und kooperativer. Die Termine versuche ich immer so zu legen, dass wir beide gleichzeitig gehen können, z. B. zur Vorsorgeuntersuchung und dann machen wir uns anschließend immer eine kleine Freude, z. B. mit einem Cafébesuch. Bei plötzlichen akuten Schmerzen ist das Ganze natürlich*

manchmal etwas schwierig, da müssen dann im Notfall die Mitarbeiter einspringen. Ich versuche das aber zu vermeiden und bin meist auf Abruf bereit zu kommen."

Elvira S. *ist erleichtert, weil sie ihre Tochter in Bezug auf die medizinische Betreuung in guten Händen weiß:*
„Meine Tochter lebt in einer sehr großen Einrichtung auf dem Land. Da kommt z.B. alle vierzehn Tage eine Frauenärztin, um Vorsorgeuntersuchungen zu machen, Probleme zu besprechen usw. Auch andere Ärzte kontrollieren regelmäßig den Gesundheitszustand, bei Bedarf wird dann ein Termin in der Praxis ausgemacht. Diese Ärzte stehen auch für Notfälle bereit, sie kennen die einzelnen Bewohner und eigentlich finde ich das ganz toll."

Noch eine andere Liste gilt es abzuarbeiten, denn je nachdem, wie groß der Hilfebedarf Ihres Sohnes / Ihrer Tochter ist, es geht meistens nicht ohne Unterstützung bei pflegerischen oder kosmetischen Notwendigkeiten. Nachfolgend finden Sie einige Beispiele:

- Hilfe bei der täglichen Hygiene
- Schneiden der Fingernägel
- Fußpflege
- Zahnbürstenwechsel
- Friseurbesuch
- Monatshygiene
- Ersatz von zerschlissener Unterwäsche / Kleidung bzw. Hilfe beim Kleiderkauf

Natürlich können Angehörige alle diese Aufgaben übernehmen, sie können sie aber auch aufteilen oder ganz delegieren. Erkundigen Sie sich, ob es in der Einrichtung ein System für diese Hilfestellungen gibt, und wie dieses aussieht. In einem Wohnheim kann es z.B. so geregelt sein, dass ein Mitarbeiter für die Augengesundheit bzw. Sehhilfen aller Bewohner zuständig ist, in anderen Häusern gibt es dagegen einen Mitarbeiter, der sich aller Bedürfnisse eines Bewohners annimmt. Eine solche Übereinkunft gewährleistet Kontinuität, und auch für einen Arzt ist es einfacher, immer mit der gleichen Begleitung zu sprechen und sich darauf verlassen zu können, dass die Vorgeschichte bekannt ist. Die Aufgaben können bei einem Mitarbeiterwechsel geordnet übergeben werden und Eltern wissen, an wen sie sich mit ihren Fragen wenden können.

Wichtig ist, dass alle Beteiligten sich darüber klar sind, was zu tun ist und wer verantwortlich ist. Lassen Sie sich nicht so sehr von dem Gedanken an Ihre Pflichten lenken, überlegen Sie stattdessen, was Sie noch gern übernehmen und auch weiterhin tun möchten, ohne dass daraus für Sie eine Last wird. Mitarbeiter machen sicher viele Dinge anders, als Sie es gewohnt sind, aber das heißt nicht, dass das falsch ist, nur eben anders. Statt solider Schnürschuhe verändern flotte Turnschuhe zu den Jeans eben manchmal den ganzen Typ und eine rote Strähne im Haar erfreut Ihre Tochter vielleicht mehr als eine neue Strickjacke. Natürlich geht es nicht, dass die Fingernägel zwar lackiert sind, die Fußpflege aber nicht stattfindet. Was aus hygienischen und pflegerischen Gründen notwendig ist, unterliegt bestimmten Standards, die nicht unterschritten werden dürfen.

Aber wenn es um die Schönheit geht, gibt es keine allgemeingültigen Regeln, außer dass z. B. die Kleidung der Witterung entsprechen und sie regelmäßig überprüft werden muss und dass Stücke, die nicht mehr passen oder kaputt sind, ausgesondert werden. Das alles muss nicht über den Kopf der Betroffenen hinweg geschehen, ein Nachmittag, an dem ein Kleiderschrank „ausgemistet" wird, kann ein Anlass zu einem gemütlichen Teetrinken sein und viel Spaß machen, wenn man sich gemeinsam erinnert, wann und zu welchem Anlass das Kleidungsstück gekauft oder getragen wurde.

> ***Hiltrud N.*** *war viele Jahre in der Elternberatung aktiv. Immer wieder hörte sie Klagen darüber, dass die Eltern bei Entscheidungen zu wenig herangezogen würden:*
> *„Ich habe bei Beschwerden immer wieder nachgefragt, wie viel Einfluss die Eltern denn noch auf das Leben ihrer Kinder ohne Behinderung haben. Werden sie gefragt bei der Partnerwahl, beim Schuhkauf, beim Berufswechsel? Bei aller Einsicht fällt es den Eltern viel schwerer, das Loslassen bei ihren Kindern mit Behinderung zu akzeptieren. Trotz aller Vernunftgründe – der Stachel bleibt."*

Wenn Ihr Angehöriger mit Behinderung noch zu Hause lebt und Sie die Betreuung übernommen haben, müssen Sie selber für Entlastung sorgen, wenn Ihnen die Pflichten zu viel werden. In diesem Fall können Sie sich an die Familienunterstützenden / Familienentlastenden Dienste wenden oder Geschwister und andere Verwandte einbeziehen. Doch bedenken Sie, dass das keine Dauerlösung ist. Irgendwann wird der Moment kommen, da müssen Sie die Verantwortung in andere Hände geben. Überlegen Sie deshalb rechtzeitig, wem Sie Verantwortung übertragen können und wollen. Es ist nicht fair, jemanden vor vollendete Tatsachen zu stellen, der dann in einem Notfall sofort einspringen muss.

Lebt Ihr Sohn oder Ihre Tochter mit Behinderung in einer Wohneinrichtung egal welcher Form, sollten Sie klären, wer verantwortlich ist für die verschiedenen Bedürfnisse und diese Liste regelmäßig überprüfen.

Folgende Punkte sollten Sie bei dieser Entscheidung bedenken:

- Überfordern Sie sich nicht. Sie müssen nicht alle Pflichten selbst übernehmen. Es ist wichtiger, die gemeinsame Zeit entspannt zu genießen, als möglichst viele Termine abzuarbeiten. Lernen Sie, immer mehr zurückzutreten und loszulassen.
- Lassen Sie eine Basis des Vertrauens zu den Mitarbeitern entstehen. Ihr Kind wird auch in Zukunft von ihnen abhängig sein und diese Abhängigkeit wächst, wenn der Hilfebedarf größer wird. Es wird sicher immer wieder unterschiedliche Standpunkte, Missverständnisse oder Zielvorstellungen geben, aber bemühen Sie sich mit den Mitarbeitern gemeinsam, diese Basis tragfähig zu halten.
- Natürlich müssen Sie sicher sein, dass die vereinbarte Aufgabenteilung auch klappt, und Sie sollten nachfragen und überprüfen. Aber ständig wie ein Kontrolleur in den Einrichtungen aufzutauchen ist nicht Ihre Aufgabe.
- Mitarbeiter müssen im Alltag entscheiden, was jemand, für den sie verantwortlich sind, noch kann, z.B. eine lange Wanderung mitmachen, Trubel ertragen, den ganzen Arbeitstag durchhalten usw. Den Angehörigen bleibt nichts anderes übrig, als sich auf die Kompetenz zu verlassen. Tun Sie das nicht misstrauisch und widerwillig, sondern im Bewusstsein, dass alle das Beste für Ihren Angehörigen wollen.
- Wenn es nicht möglich ist, eine Grundlage von Vertrauen und Offenheit zu finden, bemühen Sie sich darum, Hilfe von außen zu bekommen. Einigen Sie sich mit den Betreuern darauf, wer hinzugezogen werden soll und in welcher Form solche Gespräche ablaufen könnten. Vorsicht: Aus einem Sandkörnchen Groll im Herzen wächst manchmal, ohne dass man es merkt, ein Felsen, der kaum noch zu bewegen ist.

▼

- Wenn Fördern und Fordern vonseiten der Wohneinrichtung weniger werden, nehmen Sie das gelassen. Unentwegte Förderung kann ein Stress sein, den gerade viele älter Werdende nicht mehr aushalten. Auch Menschen mit Behinderung haben ein Recht auf ihr eigenes Tempo, und die Mitarbeiter können über längere Zeit hin beobachten, ob die Verlangsamung von der Tagesform abhängt oder mit dem Alterungsprozess zusammenhängt.
- Mitarbeiter haben die wichtige Funktion, die Stellung eines Einzelnen in der Gruppe zu bewahren, den anderen eventuell auftretende Schwierigkeiten zu erklären, auszugleichen, wenn etwas nicht mehr funktioniert wie früher, die bestehenden Beziehungen zu erhalten und zu begleiten, auch wenn sich ein Bewohner durch das Altern verändert. Akzeptieren Sie, dass es nicht immer nur um Ihren Sohn oder Ihre Tochter allein gehen kann. Das soziale Geflecht kann nur erhalten bleiben, wenn das Ganze im Blickfeld bleibt, und dieses Geflecht ist auch für Ihr Kind außerordentlich wichtig.
- Schauen Sie nicht immer nur auf den Verlust an Mitbestimmung und Verantwortung, akzeptieren Sie die Entlastung und versuchen Sie, diesen Spielraum zu genießen.
- Mitarbeiter erleben einen Bewohner bei der Arbeit oder im Wohnbereich in Situationen, die Eltern nicht selbst erfahren. Sie erkennen vielleicht besser als die Angehörigen, wie sich der Prozess des Alterns bei Ihrem Kind auswirkt.

6.4 Menschen im Umfeld

Auch wenn scheinbar alles gut geregelt ist, wenn der Betreuer seine Aufgabe ernst nimmt, die Mitarbeiter sich wirklich um Ihre Tochter oder Ihren Sohn kümmern, bleibt eine Lücke: die emotionale Zuwendung. Eltern wünschen sich, dass Freunde ihr Kind besuchen, dass die Geschwister weiterführen, was in der Familie begonnen wurde, dass Verwandte eine besondere Beziehung zu diesem Menschen mit Hilfebedarf aufbauen.

Ein solches soziales Netz zu schaffen ist eine schwierige Aufgabe. Die Geschwister, Nichten und Neffen gehen ihre eigenen Wege, das bedeutet nicht, dass sie nicht Anteil nehmen am Leben ihrer Schwester oder ihres Bruders, aber sie haben eigene Probleme, sie müssen Beruf und Familie bewältigen, leben vielleicht in einer anderen Stadt oder gar im Ausland, verfolgen ihre eigenen Lebensentwürfe und Pläne.

> ***Lisa S.*** *hat einen Bruder mit einer Mehrfachbehinderung. Sie ist berufstätig und muss mit ihrer freien Zeit haushalten:*
> *„Ich bin eigentlich gern mit meinem Bruder zusammen, aber es ergibt sich nicht mehr so häufig wie früher. An den Wochenenden muss ich auch mal ausspannen und mir Zeit für meinen Freund und unsere Bekannten nehmen. Wenn ich meinen Bruder mitnehmen würde, würde sich doch alles wieder um ihn drehen. Ich bin froh, wenn ich alles unter einen Hut kriege: Beruf, Beziehung, Kontaktpflege und meine Interessen. Meinen Bruder sehe ich meistens nur noch, wenn er bei meinen Eltern ist oder bei Familienfesten. Ich würde ihn gern öfter treffen, aber wie soll ich das machen?"*

Mit den Eltern werden auch deren Geschwister und Freunde alt und haben häufig ähnliche Probleme, z. B. mit der Gesundheit. Man kann es ihnen nicht übelnehmen, wenn sie genug mit ihrem eigenen Leben zu tun haben und zusätzliche Anstrengungen vermeiden.

> ***Nora B.*** *ist seit zehn Jahren Rentnerin, sie hat einige Operationen hinter sich und muss erleben, wie sich ihr Leben im Alter verändert:*
> *„Ich hatte immer einen großen Freundeskreis und wir haben viel miteinander unternommen. Heute telefonieren wir mehr miteinander, treffen uns ab und zu zur Wassergymnastik oder für einen Kinobesuch. Wir lassen es etwas ruhiger angehen und meine Freunde müssen öfter mal einspringen als Oma und Opa, da sind sie ziemlich gefordert und ausgelastet. Um meinen Sohn Joachim können sie sich wirklich nicht kümmern, die Zeiten sind vorbei."*

Es ist schwierig, andere über einen so langen Zeitraum bei der Stange zu halten. Sie interessieren sich noch für das Schicksal des Angehörigen mit Behinderung, können sich aber nicht mehr so engagieren und einbringen wie in seiner Kindheit. Eine lebenslange Bindung ist nicht selbstverständlich und damit sie eine Chance hat, können Sie frühzeitig daran arbeiten.

Wie Sie die Bindung der Bezugspersonen an den Menschen mit geistiger Behinderung aufrecht erhalten können:

- Beteiligen Sie Bezugspersonen an Überlegungen und Entscheidungen, ohne sie zu sehr zu belasten.
- Druck, Zwang oder Appelle an das Pflichtgefühl sind nicht hilfreich. Das Interesse sollte freiwillig sein. Macht die Begegnung mit dem Menschen mit Behinderung nicht auch Freude, schenkt sie anderen nicht gleichzeitig etwas und das Engagement wird vielleicht bald erlahmen.
- Nehmen Sie Anregungen, Vorschläge, Kritik an, gemeinsames Gestalten verbindet. Einerseits sind Eltern sicher kompetenter als Geschwister und Freunde, andererseits sind sie häufig betriebsblind und brauchen den Blick von außen. Freuen Sie sich über die Zusammenarbeit und drücken Sie das auch aus, ermutigen Sie andere Menschen, produktiv mitzudenken.
- Je besser es Ihnen gelingt, Kontakte zu halten, Beziehungen zu pflegen, desto eher entsteht eine Bereitschaft, dass auch Ihr Kind in diesem Netzwerk einen Platz findet und einbezogen wird.

Philipp K. *absolvierte ein Freiwilliges Soziales Jahr in einer sozialen Einrichtung, zu der auch ein Wohnheim für Menschen mit geistiger Behinderung gehört. Er erinnert sich an die Feste, die er dort miterlebt hat:*
„Beim ersten Fest war ich ein bisschen überrascht. Außer den Bewohnern, ihren Eltern und einer Schwester kam niemand. Wenn ich mit meinen Freunden feiere, dann bringt immer irgendjemand neue Gäste mit und manchmal entstehen daraus neue Freundschaften. Aber dort im Wohnbereich kam es mir vor, als wäre es ein enger Kreis, der sich nicht verändert und erweitert. Eigentlich hatte ich auch z.B. frühere Schulfreunde der Bewohner erwartet oder Freunde der Eltern. Aber das wäre eine große Ausnahme gewesen, wie ich später feststellen musste.“

6.5 Kann man wirklich alles regeln?

Auch wenn alle Regelungen getroffen sind, das Verhältnis zu den Mitarbeitern gut ist und alle Zuständigkeiten geklärt sind, bleibt ein Rest an Sorge, mit dem Eltern leben müssen. Es gibt Fragen, auf die man keine Antworten finden kann, weil sie Gefühle betreffen. Auch bei Kindern ohne Behinderung geht nicht immer alles glatt, sie haben Kummer und Enttäuschungen zu ertragen. Aber sie haben normalerweise die Möglichkeit, ihr Leben zu verändern, sie können es selbst in die Hand nehmen. Eltern von Menschen mit Behinderung erleben immer wieder traurige Momente, wenn Sie sich z. B. fragen:

- Wer wird meine Tochter / meinen Sohn liebhaben?
- Wer wird sie / ihn umarmen, Wärme und Körperkontakt schenken?
- Wer wird sie / ihn trösten, wenn sie / er traurig ist?
- Wer kuschelt mit ihr / ihm vor dem Fernseher?
- Wer ist stolz und froh, wenn sie / er etwas erreicht hat?
- Wer freut sich wirklich tief im Herzen, wenn er meine Tochter / meinen Sohn sieht?
- Wer erkennt, wenn es ihr / ihm schlecht geht?
- Wer sorgt dafür, dass sie / er an Familienfesten teilnehmen kann?
- Bei wem kann sie / er Weihnachten feiern?
- Wer organisiert Urlaubsfreizeiten?
- Wer überlegt sich ein kleines „Extra“, eine Überraschung außer der Reihe, etwas Besonderes, das speziell für diesen Menschen bestimmt ist und ihm Freude macht?

Gerade Menschen, deren Stärke nicht in ihrem Intellekt liegt, sind meist viel besser durch nonverbale, körperliche Reaktionen zu erreichen. Es ist sowieso schwierig, jemanden allein durch Worte zu trösten, wie viel mehr also ist das bei einem Menschen der Fall, dem Worte eventuell nicht so viel bedeuten, weil sein Verständnis eingeschränkt ist. Im besten Fall findet ein Mensch mit Behinderung eine Partnerin, einen Partner, der zärtlich ist und ihm Nähe und Wärme schenkt. Schön ist es auch, wenn Geschwister, Angehörige oder Freunde da sind, die diesen Part zumindest teilweise übernehmen. Aber erzwingen kann das niemand.

Paula M. *fürchtet, dass ihre Tochter den emotionalen Beistand vermisst, den sie als Mutter ihr immer gegeben hat:*
„Ich weiß doch, wie ich bei meiner Tochter Spannungen lösen kann, wie ich sie trösten kann: Ich nehme sie einfach in den Arm. Reden hilft da gar nichts, sie braucht meine körperliche Nähe und bestimmte Berührungen. Aber welcher Betreuer macht das?"

Alexandra H. *versteht die Schwierigkeiten der Mitarbeiter, wenn es um körperliche Annäherungen geht:*
„Es ist schrecklich: Vor lauter Angst, als übergriffig zu gelten oder des Missbrauchs beschuldigt zu werden, trauen sich die Mitarbeiter in der Wohngruppe kaum noch, die Bewohner zu berühren. Leider gibt es ja auch immer wieder Fälle von Missbrauch jeder Art und meine Tochter könnte sich da wohl kaum zur Wehr setzen. Aber diese Distanz kommt mir irgendwie ziemlich unnatürlich vor. Es muss doch möglich sein, körperliche Nähe zuzulassen, ohne gleich in Verdacht zu geraten."

7 Abschied nehmen

> ***Birgit** ist zwar noch jung, ihr Sohn **Tobias**, geistig und körperlich behindert, ist erst acht Jahre alt, aber schon heute hat sie Angst davor, dass ihr Kind nach ihrem Tod einmal allein sein könnte:*
> *„Die große atem- und schlafraubende Frage, die mir die Tränen in die Augen treibt: Wird mein Kind ALLEIN sein, wenn ich nicht mehr da bin oder wenn ich zu alt/krank bin, um mich kümmern zu können? Mir zerreißt es das Herz, wenn ich mein Kind als künftigen körperlich Erwachsenen sehe, der doch mit Herz und Verstand noch immer Kind sein wird. Wird die Welt gut zu ihm sein, wenn ich ihn nicht mehr beschützen kann?“*

Ängste vor einem Abschied vom eigenen Kind begleiten auch schon junge Eltern und das bleibt so – ein Leben lang. Im Alter dann kreisen die Gedanken noch häufiger um Abschiednehmen und Sterben. Doch die Beschäftigung damit muss nicht unbedingt in Trauer und Depression münden, denn es kann hilfreich und tröstlich sein, wenn man sich mit dem Ende des Lebens befasst, ohne dabei allzu große Sorgen vor sich herzuschieben. Eltern hoffen normalerweise immer, dass sie vor ihren Kindern sterben. Wenn aber der Sohn oder die Tochter eine geistige Behinderung hat, dann wünschen doch einige Mütter oder Väter, dass sich diese natürliche Reihenfolge vielleicht umkehren möge. Bis zuletzt wollen sie ihrem Kind beistehen und die Vorstellung, dass sich im Falle des eigenen Todes andere Leute um ihr Kind kümmern müssen, gefällt den wenigsten. Aber aussuchen kann man sich den Zeitpunkt, an dem es vorbei ist, nicht. Was bleibt, ist die Möglichkeit, die letzten Dinge für sich selbst und für den Angehörigen mit geistiger Behinderung so zu regeln, wie man es selbst für gut und richtig hält.

7.1 Wenn Eltern nicht mehr können

> ***Elisabeth H.*** *ist 55 Jahre alt und lebt seit Kurzem in einer Wohngruppe. Ihre Eltern mussten ihr großes Haus aufgeben, weil sie es nicht mehr schafften, sich darum zu kümmern:*
> *„Früher habe ich im Dorf gewohnt. Das war toll. Da kannte ich jeden. Mama und Papa wollten immer, dass ich im Haus bleiben kann und meine Schwester einzieht und sich um mich kümmert. Aber die hat einen Mann geheiratet, der arbeitet in Hannover, ganz weit weg. Jetzt sind wir also alle drei ausgezogen. Mama und Papa ins Altersheim. Das ist zwar gar nicht weit weg, aber es fährt nur ganz selten ein Bus dorthin. Ich habe eine Wohngruppe gefunden, die gefällt mir schon, aber ich vermisse unseren Garten, meinen Hund und den Tratsch mit unserer Nachbarin."*

Genau genommen sind es zunächst einmal gar nicht die großen, endgültigen Abschiede, um die man sich Gedanken machen sollte, sondern eher die kleinen, die durch Krankheiten und Gebrechlichkeit nötig werden. Die meisten Eltern erleben sie irgendwann. Aber zugeben zu müssen: „So geht es nicht mehr weiter!" oder „Ich kann nicht mehr!" ist wirklich schwierig.

Natürlich hört die Liebe und Zuneigung zu den erwachsenen Kindern nie auf und Streicheleinheiten kann auch noch ein Mensch mit einer schweren Erkrankung oder einer Demenz vergeben. Aber der Abschied von den gewohnten Lebensumständen, von der eigenen Wohnung, dem Haus, dem Garten, der Umgebung kann äußerst schmerzlich und traurig sein. Im Zusammenhang mit einem Angehörigen, der eine geistige Behinderung hat, bekommen solche Veränderungen noch eine zusätzliche Dimension. Denn hier ist ein stabiles und bekanntes Umfeld wichtig. Auch wünschen sich die meisten Eltern, dass ihre Kinder immer einen Platz zu Hause behalten, selbst wenn sie längst nicht mehr bei ihnen wohnen. Unter solchen Umständen ist es natürlich noch ein bisschen schwieriger, sich einzugestehen, dass einiges nicht mehr so gut läuft, dass die eigene Vergesslichkeit, die eigene Kraftlosigkeit immer größere Schwierigkeiten machen.

> ***Maria G.*** *ist 45 Jahre alt und wurde mit dem Down-Syndrom geboren. Wenn sie am Wochenende ihre Mutter besucht, ärgert sie sich darüber, dass diese sich gar nichts mehr merken kann:*
> *„Meine Mama ist 85 – stolzes Alter – oder? Ich mag sie gerne: Mich nervt, ich muss alles dreimal erzählen. Sie fragt immer nochmal. Bei*

ihr wohnt nette Frau, die hat mir schon erklärt warum. Traurig macht mich. Mama hat für mich gemacht alles, auch Termine. Geht nicht mehr, muss ich jetzt alleine machen, geht nicht so gut. Frau T. in meinem Wohnheim hilft jetzt. Ich sag: ‚Mama, warum vergisst du alles?' Sie lacht."

Nicht selten sind in solchen Fällen die Söhne und Töchter mit Behinderung auf einmal wichtige Helfer. Sie tragen Einkäufe, helfen beim Aufräumen und Kochen, sind dankbare Zuhörer und Urlaubsbegleiter. Die erwachsenen Kinder, die ihr Leben lang erfahren haben, dass die Eltern alles können und alles für sie tun, erleben auf einmal, dass auch sie stark sind. Das ist für manche eine ganz neue Erfahrung und sie übernehmen sogar gerne diese Rolle des Starken, dessen Hilfe gebraucht wird.

Luisa R. *ist in einer Elternberatungsstelle tätig. Sie erlebt immer wieder alte Eltern, die ihre erwachsenen Kinder mit geistiger Behinderung dringend brauchen:*
„Sie können sich gar nicht vorstellen, was ich da manchmal höre. Einmal sagte eine betagte Mutter zu mir: ‚Ich brauche den Jan dringend beim Autofahren, weil ich die Schilder nicht mehr lesen kann. Er weiß immer, wo wir hinfahren müssen.' Ein anderes Elternpaar sagte: ‚Wir können unmöglich den Bernhard in ein Wohnheim ziehen lassen, er trägt uns alle Einkäufe in den zweiten Stock. Wir müssten ja umziehen, wenn er nicht da wäre.' Ich finde diese Argumente sehr bedenklich und kann es auch nicht gut finden, wenn Menschen mit Behinderung so von ihren Eltern missbraucht werden. Tut mir leid, ich sehe das so."

Einige alt werdende Eltern reden sich gerne ein, dass die Schwierigkeiten nur vorübergehend sind und dass alles noch einmal besser werden könnte. Andere haben einfach Angst vor Veränderungen. Beides führt dazu, dass man möglicherweise den rechten Moment verpasst, selbstbestimmt neue Weichen zu stellen.

Außenstehende beurteilen die Situation oft anders als man selbst. Vielleicht sagen Nachbarn oder auch die Geschwisterkinder schon länger, dass die älteren Eltern einen Umzug in ein Altersheim angehen sollten. Aber selbst die gut gemeinten Ratschläge hört nicht jeder gern und finanzielle Schwierigkeiten kann man auch nicht so einfach aus dem Weg räumen. Fest steht nur, dass altersbedingte Erkrankungen und Demenzen den Alltag der Eltern völlig umkrempeln können und eine Neuordnung des Lebens nötig machen.

Gerade deshalb ist es im Alter sinnvoll, Zukunftsplanung zu betreiben. Hilfreich können dabei Gespräche mit ganz nahen Vertrauten sein, aber auch Fachleute, wie man sie zum Beispiel in Seniorenbegegnungsstätten oder Sozialbürgerhäusern findet, können in solchen Fällen Anregungen und Hilfestellungen geben.

Die wichtigsten Punkte, die Sie grundsätzlich klären sollten:

- Altersheim – ja oder nein?
- Welche Alternativen habe ich?
- Wo bleibt mein Kind mit geistiger Behinderung?

Diese drei Fragen sollte man in gewissen Abständen immer wieder neu durchsprechen. Je nach Situation werden die Antworten darauf anders ausfallen. Doch irgendwann muss man seinen Mut zusammennehmen und auf die Überlegungen Taten folgen lassen, sonst stellt das Leben einen vor vollendete Tatsachen.

Umzug ins Alters- oder Pflegeheim

Wer nur noch mit Mühe das eigene Leben managen kann, der wird kaum mehr Kapazitäten für einen anderen Menschen haben. Vor allem bei älteren Personen mit einer Demenz ist das so. Aber auch körperliche Probleme können es erforderlich machen, dass die Eltern sich in ein Alten- oder Pflegeheim begeben und Abschied von ihrer gewohnten Umgebung nehmen müssen. Es ist leider eine Tatsache, dass man sich – vor allem wenn es schnell gehen muss – nur sehr eingeschränkt das Haus aussuchen kann, in das man am liebsten ziehen möchte. Außerdem spielt Geld dabei eine nicht unwichtige Rolle, und es muss schließlich ein passender Platz vorhanden sein.

Lebt der Angehörige mit geistiger Behinderung dann schon in einem Wohnheim, hat man die Sorge seiner Unterbringung wenigstens nicht.

> ***Fritz L.*** *81 Jahre alt, musste seinen Sohn* ***Johannes****, 52 Jahre alt, ganz plötzlich in einem Wohnheim unterbringen, weil er wegen seiner schweren Krankheit selbst ins Pflegeheim musste, wo seine Frau, 88 Jahre alt, schon seit fast zwei Jahren lag:*

> *„Merkwürdigerweise war es dann emotional gar nicht so schwierig als wir uns von Johannes trennen mussten. Aber wir hatten auch gar keine andere Wahl, weil ich einen Schlaganfall hatte und deshalb bettlägrig bin und meine Frau schon seit einigen Jahren ein Pflegefall ist. An Geburtstagen und an Weihnachten telefonieren wir mit Johannes und manchmal besucht er uns. Es geht ihm gut und das ist das Wichtigste."*

In den meisten Altersheimen ist es übrigens durchaus möglich, das erwachsene Kind gelegentlich bei sich (sofern man ein Einzelzimmer hat) oder in einem Gastzimmer übernachten zu lassen. Es gibt aber auch immer wieder Eltern, die nehmen ihre älteren Söhne oder Töchter einfach mit ins Altersheim. Das ist im Prinzip zwar möglich, ob dies aber eine gute Lösung darstellt, wird von Fachleuten bezweifelt.

Anders als in Alteneinrichtungen der Behindertenhilfe werden hier die Leistungen der Eingliederungshilfe, durch die gezielte Förderung und Teilhabe am gesellschaftlichen Leben möglich gemacht wird, nicht angeboten. Das heißt, man muss sie sich selbst organisieren. Das gleiche gilt für Pflegeheime.

Vom Umgang mit Diagnosen und Prognosen

Gerade Eltern von Kindern mit geistiger Behinderung haben ein Leben lang geübt, sich nicht anmerken zu lassen, wenn es ihnen selbst nicht so gut ging. Doch vielleicht sollte man sich im Alter irgendwann klarmachen, dass gerade Menschen mit einer geistigen Behinderung besonders feine Antennen für die Befindlichkeit anderer haben. Es kann deshalb durchaus Sinn ergeben, wenn deutlich gesagt wird: „Du, ich habe diese oder jene Krankheit. Mir geht es nicht gut." Oder: „Weißt Du, ich bin jetzt schon 80 Jahre alt, deshalb kann ich nicht mehr so gut laufen." Klare Aussagen, die auch ein Mensch mit geistiger Behinderung nachvollziehen kann und die ihn verstehen lassen, was passiert, sind hierbei unerlässlich.

> ***Oliver F.**, 56 Jahre alt, arbeitet in einer Werkstatt und lebt seit drei Jahren in einer betreuten Wohngruppe. Er bemerkt, dass seine Eltern gebrechlicher werden:*
> *„Vor ein paar Jahren hat mein Papa in der Werkstatt angerufen und gesagt, ich soll ganz schnell nach Hause kommen, weil meine Mama ins Krankenhaus musste. Notfall! Irgendwas Schlimmes war mit ihrem*

Blutdruck. Ich war ganz durcheinander. Ich hatte Angst, dass meine Mama jetzt stirbt. Ich weiß ja, dass sie schon öfter Probleme hatte. Ich habe mir dann ein paar Tage frei genommen und bin immer mit Papa ins Krankenhaus gefahren. Gott sei Dank ist Mama wieder einigermaßen gesund geworden, aber sie kann gar nicht viel unternehmen, sie schafft es einfach nicht mehr. Hoffentlich bleibt sie noch lange bei uns!"

Doch wenn es schon so schwer fällt zuzugeben, dass man sich schwach fühlt, so ist es noch viel schwieriger, über eine schwere Krankheit zu sprechen. Was und wie viel sagt man? Soll man die Diagnose und möglicherweise die Prognose wirklich weitergeben – sofern man sie selbst kennt? Muss man den Angehörigen mit Behinderung nicht doch eher schonen? Fragen, auf die es keine pauschalen Antworten gibt, denn wie Eltern und Angehörige ihre Befürchtungen, Gedanken und Sorgen ansprechen, müssen sie letztendlich für sich selbst beantworten. Doch sollte man dabei bedenken, dass diffuse Ängste die Söhne oder Töchter mit Behinderung plagen, die hören, dass es den Eltern schlecht geht, aber nicht wissen, wie bedrohlich die Erkrankung ist und ob sie daran sterben könnten.

Bei aller Liebe und Rücksicht sollte man deshalb versuchen, einigermaßen offen zu sein, und dabei natürlich berücksichtigen, wie viel die Tochter mit geistiger Behinderung versteht oder was der Sohn verkraften kann. Doch auch wenn im schlimmsten Fall der Tod die Folge sein könnte, sollte man diesen Gedanken nicht aussparen, denn nur so haben die Kinder die Möglichkeit, sich mit diesem traurigen Gedanken auseinanderzusetzen. Selbstverständlich wäre es wünschenswert, dass solche Gespräche in einer freundlichen Atmosphäre stattfinden, also nicht auf einem Krankenhausflur oder unter großem Zeitdruck. Es muss dafür gesorgt sein, dass Zeit für Fragen, aber auch für Tränen ist. Auf diese Weise kann langsam der Gedanke an einen großen Abschied Raum einnehmen und verarbeitet werden.

! Suchen Sie sich bei Gesprächen über Krankheit und Sterben Unterstützung durch Vertraute! Es ist besser, wenn sich der Angehörige mit geistiger Behinderung nicht nur an den Kranken wenden kann, um seine Sorgen und Nöte zu besprechen.

7.2. Begegnungen mit dem Tod

> ***Roland M.** ist 56 Jahre alt, lebt in einer ambulant betreuten Wohnung und hat beide Eltern verloren:*
> *„Ich habe immer gedacht, mein Vater wird sehr alt, er ist dann aber doch mit 81 Jahren gestorben. Meine Mutter wurde sogar 85 Jahre alt. Ich habe sie immer am Wochenende besucht und es war sehr schwer für mich, als sie starb. Noch heute gehe ich gerne an ihr Grab. Da denke ich dann immer an sie."*

Schon lange ist der Tod aus unserem Alltag verschwunden, abgedrängt in Krankenhäuser und Palliativstationen. Deshalb erleben wir alle normalerweise nicht, wie jemand stirbt, bevor es sich dabei um einen nahen Angehörigen oder Freund handelt. Umso größer ist der Schock.

Menschen mit geistiger Behinderung empfinden das genauso. Auch sie haben normalerweise nur dunkle Ahnungen, wenn es um Sterben und Tod geht.

Wenn die Eltern sterben

> ***Gabriele F.**, 57 Jahre alt, lebt in einem Wohnheim und hat sich von ihrer betagten Mutter verabschieden müssen:*
> *„Meine Mutter hat immer Schmerzen gehabt. Ich habe mit ihr mitgelitten. Es war für mich schlimm, weil sie wegen der Schmerzen nicht mit mir reden konnte. Ich hatte große Angst, sie zu verlieren. Meine Zukunft hat meine Mutter vorher geregelt. Ich habe bei ihrer Beerdigung ihren Wunsch erfüllen können und mit meiner Harfe ‚Großer Gott wir loben dich' gespielt."*

Wie kann man den Sohn oder die Tochter mit Behinderung auf den Tod der Eltern vorbereiten? Leider gibt es darauf keine einfache Antwort. Darüber hinaus ist es für manche Menschen ungeheuer schwer und belastend, über das eigene Sterben nachzudenken und noch viel schwieriger, darüber zu reden.

Deshalb hilft man den Kindern mit Behinderung sehr, wenn sich andere Personen wie Geschwister, Freunde, Verwandte oder auch Mitarbeiter im Wohnheim um die Themen „Krankheit, Sterben und Tod" kümmern. Von großer Bedeutung ist dabei das Gespräch. Dieses kann am besten angebahnt werden, wenn es einen konkreten Fall gibt. So ereignet sich vielleicht einmal ein Todesfall in der Verwandtschaft, in der Wohngruppe oder am Arbeitsplatz des Sohnes oder der Tochter. Dann ist das natürlich der richtige Moment, um dieses Thema anzusprechen. Es kann aber auch einfach im Zusammenhang mit einem höheren Geburtstag angeschnitten werden. Überhaupt ist es anhand der Familiengeschichte nicht schwierig zu erklären, dass Sterben zum Leben gehört, dass die Generationen kommen und gehen. Hilfreich sind in diesem Zusammenhang Geschichten, Filme, Bücher, wenn sie – natürlich auf möglichst geschmackvolle und einfühlsame Weise – vom Sterben und Tod handeln. In den letzten Jahren sind z. B. einige Kinderbücher auf den Markt gekommen, die eine einfache, manchmal auch humorvolle, jedenfalls nicht allzu gefühlsbetonte Art haben, sich mit dem Thema zu befassen.

Ein schön gestaltetes Buch mit vielen Bildern, Gebeten und einfachen Texten, das sich für Menschen mit geistiger Behinderung eignet, ist „Bäume wachsen in den Himmel – Sterben und Trauer", erschienen im Lebenshilfe Verlag, Marburg. Ein weiterer Titel stammt von Brigitte Huber, Elisabeth Zöllner und Irmgard Lucht und heißt „Tanzen mit dem lieben Gott (Verlag Bundesverband Evangelische Behindertenhilfe e. V., Gütersloher Verlagshaus). Er ist empfehlenswert für Angehörige und Mitarbeiter in Behinderteneinrichtungen, die sich intensiv mit Leben und Sterben auseinandersetzen wollen.

Tatsache ist auf alle Fälle, dass ein wenig Mut dazu gehört, über Sterben und Tod zu reden. Aber es ist auch nicht fair, wenn man die Angehörigen mit geistiger Behinderung allzu sehr schont. Früher oder später müssen sie derart schmerzliche Abschiede erleben.

***Jürgen N.**, 54 Jahre alt, ist lernbehindert und in ein Wohnheim gezogen, als seine Mutter schwer krank wurde. Inzwischen ist auch der Vater gestorben:*

„Ich hatte immer den Eindruck, dass meine Eltern fit waren, sie wirkten nicht alt auf mich. Doch dann wurden sie krank, Anfang 2008 hatte mein Vater drei Schlaganfälle und Demenz. Meine Mutter bekam Bauchspeicheldrüsenkrebs. Meiner Mutti ging es immer schlechter und der Alltag zuhause wurde schwieriger. Da es keine Besserung gab, haben wir alle beschlossen, dass es besser ist, wenn mein Bruder und ich ausziehen. Das war nicht einfach. Nach einem Besuch im Wohnheim erzählte mir meine Mutter, dass sie bald sterben werde. Sie war immer sehr offen zu uns, und wir konnten sie alles fragen. Sie kam

> *ins Krankenhaus und bald ins Hospiz dort in der Nähe. Ich durfte sie immer besuchen, auch als sie gestorben war. Da habe ich sie auf die Wange geküsst und mich bei ihr für alles bedankt, was sie in den vielen Jahren für mich getan hatte."*

Für Besuche im Krankenhaus oder am Krankenbett im Pflegeheim, auf der Palliativstation oder im Hospiz gilt ebenfalls: Es kann natürlich Gründe geben, das Familienmitglied mit Behinderung nicht dorthin mitzunehmen. Aber einfühlsam und liebevoll vorbereitet wäre es sicherlich gut, alle Angehörigen würden die Gelegenheit bekommen, sich zu verabschieden – auch und gerade der Sohn oder die Tochter mit Behinderung.

Sicher ist, dass der Tod der Eltern für Menschen mit Behinderung von besonders großer Bedeutung ist. Anders als andere Kinder sind für sie Mutter und Vater fast immer die wichtigsten Bezugspersonen und entsprechend fühlen sie sich alleingelassen. Auf diese Ausnahmesituation müssen Mitarbeiter in Wohnheimen und in den Werkstätten vorbereitet sein, denn die Trauer kann sich auf ganz unterschiedliche Weise zeigen und damit auch die Mitbewohner und Mitarbeiter einer Wohngruppe belasten.

Verhaltensauffälligkeiten, Depressionen, Schlaf- und Essstörungen sowie andere körperliche und psychische Symptome sind möglich. Jedenfalls sollte man viel Geduld aufbringen und sich Zeit nehmen für den trauernden Hinterbliebenen. Das heißt aber auch, dass Mitarbeiter entsprechend informiert sein müssen, damit sie reagieren können. Diese Aufgabe sollten Familienmitglieder übernehmen, die sich um die schwer erkrankten Eltern und – nach deren Tod – vielleicht um den Angehörigen mit Behinderung kümmern.

Tod des Menschen mit Behinderung

Für Eltern ist das Sterben ihres Kindes mit Behinderung meist ein traumatisches Erlebnis. Ganz gleich, ob der Sohn oder die Tochter unerwartet und plötzlich verstirbt oder nach langer Pflege und Krankheit. Viel stärker als bei anderen erwachsenen Kindern hat man sich gekümmert und kennt jede Schwäche. Meist sind es auch die Eltern, die als gesetzliche Betreuer bis zuletzt Entscheidungen fällen müssen: Wird beatmet – ja oder nein? Lässt man noch einmal eine Operation zu? Verlegt man den Patienten auf eine Palliativstation? Diese und viele andere Fragen kommen auf und müssen geklärt werden. In diesem Zusammenhang taucht häufig die Frage nach einer Patientenverfügung (Kapitel 7.3) auf. Diese liegt aber bei den wenigsten Menschen mit geistiger Behinderung überhaupt vor und so müssen Angehörige, zusammen mit den Ärzten, beschließen, was passieren soll.

Auf alle Fälle ist es unendlich schwer, das geliebte Kind loszulassen, es gehen zu lassen. Hilfreich in solchen Momenten sind einfühlsame Menschen, die vielleicht sogar Erfahrung haben in der Sterbebegleitung. Dabei kann es sich um eine Freundin handeln, um andere Wegbegleiter, um den Pfarrer, einen Palliativmediziner oder eine Krankenschwester. Sie können diesen Prozess begleiten, der ähnlich wie die Trauer nach dem Tod eben kein Schlusspunkt ist, sondern eine Phase, die durchlaufen werden muss.

> ***Barbara P.*** *Mutter einer 39jährigen Tochter mit sehr schweren Behinderungen aufgrund einer Chromosomenstörung:*
> *„Schon oft hat Silvia mit dem Tod gerungen und ich habe jedes Mal um ihr Leben gekämpft wie eine Löwin. Aber bei ihrem letzten schweren Anfall habe ich mich gefragt, was ich diesem geschundenen kleinen Körper noch zumuten will. Bin ich so egoistisch, dass ich sie bei mir behalten will, obwohl ich sehe, dass sie am Ende ihrer Kraft ist? Ich habe es dann geschafft, loszulassen, sie gehen zu lassen, wenn sie es will. Das war eine schwere Entscheidung, aber ich war dann irgendwie mit mir im Reinen. Die Trauer nach ihrem Tod allerdings hat mich hart getroffen."*

Sterben im Elternhaus

Für Eltern, sofern sie noch rüstig sind, stellt sich selbstverständlich immer die Frage, ob sie nicht selbst die Sterbebegleitung ihres Kindes übernehmen können und es einfach nach Hause holen. Dabei sollte man unbedingt bedenken, dass, wer selbst nicht genug Kraft hat, sich das gut überlegen oder zumindest genügend Hilfe holen muss. Ambulante Hospiz- oder Palliativdienste, Pflegedienste und ein rund um die Uhr erreichbarer Arzt sollten die Voraussetzung sein.

> ***Anna und Dragan L.*** *haben sich vor einigen Jahren schweren Herzens von ihrem inzwischen 54-jährigen, schwer pflegebedürftigen Sohn getrennt, weil sie ihn selbst nicht mehr pflegen konnten. Drei Jahre später hatte er eine gesundheitliche Krise und sie holten ihn nach Hause zurück:*

> *„Wir waren ganz froh, dass unser Sohn in diesem schönen Wohnheim für Menschen mit schwerer Behinderung einen Platz bekommen hatte. Nur zwei Jahre später kamen viele Krankenhausaufenthalte und irgendwann hieß es: ‚Wir können nichts mehr für Ihren Sohn tun!‘ Da wollten wir doch wenigstens die letzte Zeit mit ihm zusammen sein und haben ihn wieder nach Hause geholt. Wir haben uns erkundigt und dann Unterstützung geholt. Zum Beispiel hat uns eine Krankenschwester immer wieder besucht und am Schluss kam der mobile Hospizdienst. Trotzdem war das eine furchtbar schwere Zeit, weil es uns beiden doch auch nicht so gut geht. Aber unser Sohn hat es schön gehabt in diesen letzten Wochen und wir sind froh, dass wir es mit ihm gemeinsam durchgestanden haben.“*

Sterben im Wohnheim

Für Eltern ist es wichtig zu wissen, wie die Mitarbeiter eines Wohnheims mit sterbenden Bewohnern umgehen bzw. wie die Mitarbeiter nach dem Tod des Menschen mit Behinderung vorgehen und welche Rituale und Zeremonien es beispielsweise gibt. Falls man selbst nicht mehr da ist, soll doch geklärt sein, was mit dem Sohn oder der Tochter passiert. Fragen Sie deshalb bei den Mitarbeitern nach. Lassen Sie sich beschreiben, wie man in früheren Situationen vorgegangen ist und was man gedenkt zu unternehmen, falls der Todesfall eintritt. Für den Fall, dass Eltern vor ihren Kindern versterben, sollten sie eventuell Wünsche oder Anregungen formulieren, wie sie sich das Begräbnis des hinterbliebenen Sohnes oder der Tochter vorstellen. Sind in Wohneinrichtungen entsprechende Unterlagen vorhanden, wird man sicherlich gerne versuchen, den Abschied eines Mitbewohners so zu gestalten, wie sich das die verstorbenen Eltern vorgestellt haben. Für Mitarbeiter sind diese Unterlagen sehr hilfreich, denn so haben sie Anhaltspunkte, was getan werden sollte. Es ist schließlich für alle eine große Herausforderung, wenn ein Bewohner im Wohnheim stirbt.

Kommt der Tod plötzlich, sozusagen über Nacht, dann bleibt nichts anderes übrig, als die Tatsache zu akzeptieren und dafür zu sorgen, dass alle betroffenen Personen würdevoll und ihrem Bedürfnis entsprechend Abschied nehmen können.

*Hier ein Abschnitt aus dem eindrucksvollen Bericht von **Martina Zabel**, Wohnbereichsleiterin in einem Wohnheim in Bochum. Sie beschreibt die letzten Stunden eines Bewohners in der Wohngruppe:*
„Die Verlegung in die Wohngruppe ergab sich innerhalb von Stunden, wobei Herr G. eindeutig den Wunsch äußerte, nach Hause zu gehen, aber nur dann, ‚wenn auch dort immer jemand an meinem Bett sitzt!'. Auch in dieser Situation gab es keine Zeit für Überlegungen, wie die anderen Mitbewohner/-innen die Verlegung verkraften könnten, wie diesbezüglich eine pädagogische Unterstützung oder Vorbereitung aussehen könnte oder Ähnliches. Herr G.'s Wunsch hatte absolute Priorität und wurde sofort umgesetzt. Er erlebte noch einen intensiven Tag in der Wohngruppe und verstarb in der Nacht. In dieser Zeit klärte Herr G. zurückliegende Konflikte mit allen Mitbewohnerinnen und Mitbewohnern. Jeder von ihnen verbrachte eine gewisse Zeit an Herrn G.'s Bett" (Zabel 2002, 26).

Ist der Mitbewohner schwer krank und wird im Krankenhaus behandelt, sind andere Vorgehensweisen notwendig. Auch dann wird man in der Wohngruppe darüber reden und Informationen weitergeben, Besuche organisieren und trösten müssen. Leider stoßen die Wohneinrichtungen in solchen Fällen immer wieder an ihre personellen Grenzen, denn es ist natürlich nicht möglich, mit dem ganzen Wohnheim auf einmal eine schwer kranke Person zu besuchen. Da hilft nur Engagement von Freiwilligen oder den Angehörigen der anderen Mitbewohner, um zu organisieren, dass man den Freund oder die Freundin besuchen kann. Auch in diesen Fällen muss man bedenken, dass sich Personen mit geistiger Behinderung Sorgen und Gedanken machen. Vor allem gute Freunde oder Partner sollten deshalb unbedingt die Gelegenheit bekommen, ans Krankenbett zu gehen, um dort ihre Zuneigung und Liebe zu zeigen oder auch, sich von einem Verstorbenen zu verabschieden.

Eine weitere Herausforderung ist es, wenn im Krankenhaus nichts mehr für den Mitbewohner getan werden kann. Dann stellt sich die Frage: Wohin bringt man die Person, damit sie in Ruhe sterben kann? Eine Möglichkeit ist die Verlegung in ein Hospiz. Doch nicht immer gibt es da im entscheidenden Moment einen Platz und so muss sich die Einrichtung der Frage stellen: Können wir unseren Mitbewohner in sein Zuhause, also in die Einrichtung holen? Eine Frage, die nicht immer so leicht zu klären ist, denn eine Menge an Vorschriften und Regeln müssen hier beachtet werden.

Die Leiterin des Fachdienstes in einem Wohnheim von ***Helfende Hände e.V.****, München, beschreibt, wie ihr dortiges Team eine Bewohnerin, die keine Angehörigen mehr hatte, beim Sterben begleitet hat:*
„‚Silke lag immer wieder und dann auch noch länger im Krankenhaus. Man konnte regelrecht sehen, dass es ihr schlechter ging, es musste eine Entscheidung gefällt werden', berichtet die Fachdienstleitung. Man beriet also, was das Beste für Silke wäre, und alle waren einig, sie hat ihr Zuhause im Wohnheim und dort soll sie auch sterben dürfen. Dieser Beschluss zog weitere Schritte nach sich, denn die Entscheidung sollte rechtlich abgesichert werden. Der gesetzliche Betreuer, der Silkes Angelegenheiten schon seit vielen Jahren regelte, unterstützte dieses Anliegen nach Kräften, und gemeinsam beschloss man, den Ethikrat der Caritas in die Angelegenheit einzubeziehen. Dort stellte auch der behandelnde Hausarzt den Fall seiner Patientin vor, außerdem wurden schriftliche und mündliche Aussagen der Wohnheimmitarbeiter vorgelegt, die alle sicher waren, dass Silke am liebsten zu Hause in ihrem Wohnheim sterben würde. Nach eingehender Beratung formulierte der Ethikrat dann eine Empfehlung, aus der hervorging, dass man aufgrund der Schilderungen befürworte, bei dieser Patientin keine lebenserhaltenden Maßnahmen mehr zu ergreifen und Silke nach Hause zu entlassen. Mit diesem Schreiben war auch der gesetzliche Betreuer einverstanden. Doch jetzt musste die nächste Hürde genommen werden: Wie organisiert man das im Wohnheim? Dazu trafen sich an einem Runden Tisch die Elternvertreter, Hausleitungen, Wohngruppenleitungen, Nachtwachen, Fachdienste, der zuständige Hausarzt und auch die Heimaufsicht. Gemeinsam überlegte man, was zu tun sei. Um Überforderung der Mitarbeiter zu vermeiden, wurde die Wohngruppe von Silke personell besonders gut ausgestattet, zusätzlich kam ein externer Pflegedienst, der sich tagsüber um Silke kümmerte. Wichtigster Ansprechpartner war der Hausarzt, aber auch eine Psychiaterin war eingebunden sowie Mitarbeiter des Hospizes. Eine ständige Rufbereitschaft des Hausarztes, aber auch der anderen Hausleitungen sollte vermeiden, dass irgendeiner der Mitarbeiter doch von der Situation überfordert wurde. Auch war allen klar: Zur Not sollte es durchaus möglich sein, Silke wieder ins Krankenhaus zu bringen. Dann kam die Patientin nach Hause und erst einmal ging es ihr sogar wieder besser. ‚Doch ab der zweiten Woche veränderte sie sich. Man konnte sehen, dass es zu Ende ging', berichtet die Leiterin des Fachdienstes. Daraufhin verabschiedeten sich Mitbewohner und Mitarbeiter, Nachtwachen und alle, die Silke kannten, von ihr, und sie durfte in Ruhe in ihrer Wohngruppe, in ihrem Bett sterben" (Pollmächer 2011, 17–18).

Dass es möglich ist, eine für alle Beteiligten akzeptable Sterbebegleitung zu organisieren, zeigt dieses Beispiel. Doch das gilt nicht für alle Einrichtungen. Wenn man allerdings davon ausgeht, dass das Wohnheim wirklich das Zuhause des Menschen mit Behinderung ist, vor allem wenn er keine Angehörigen mehr hat, dann sollte man doch alles dafür tun, den Willen des Sterbenden zu berücksichtigen. Wobei es in manchen Fällen gar nicht so einfach ist, diesen Wunsch herauszufinden. Gerade bei Personen, die wenig oder gar nicht sprechen können, steht sicherlich das Gefühl im Vordergrund und winzige Signale, die meistens nur sehr nahestehende Personen zu deuten verstehen.

Unbestritten ist, falls im Umfeld des Menschen mit Behinderung jemand verstirbt, ist das in jedem Fall ein großer Einschnitt. Vieles muss erklärt sowie geklärt werden und Emotionen können noch eine ganze Weile das Gleichgewicht der Wohngruppe durcheinander bringen.

Palliativmedizin

Die Palliativmedizin (abgeleitet aus dem Lateinischen „pallium" = Mantel) basiert auf der Erkenntnis, dass für einen Menschen mit einer unheilbaren Krankheit noch sehr viel getan werden kann. Genau wie die Palliativpflege ist sie darauf ausgerichtet, Beschwerden zu lindern, auch wenn keine Heilung mehr möglich ist. Ein Team von Mitarbeitern kümmert sich dabei nicht nur um die medizinischen Bedürfnisse, sondern auch um die psychischen, emotionalen und organisatorischen Fragen und Probleme.

Palliativstationen sind üblicherweise an Krankenhäuser angeschlossen, aber eigenständige Abteilungen. Rund um die Uhr stehen ein Arzt und Pflegepersonal zur Verfügung. Es wird darauf geachtet, dass die Patienten in Einzelzimmern untergebracht sind.

Die palliative Therapie kann ambulant zu Hause oder im Hospiz stattfinden. Dabei handelt es sich vor allem um eine gute und sinnvolle Schmerztherapie. Dies bedeutet aber nicht nur, dass die Schmerzen medikamentös bekämpft werden. Es kann auch vorkommen, dass kleinere Operationen oder Eingriffe vorgenommen werden müssen, um Schmerzen zu verhindern.

Besucher sind hier jederzeit willkommen, natürlich immer mit Rücksicht darauf, welche und wie viele Besucher ein schwerkranker Patient vertragen kann. Auch bieten die meisten Palliativstationen inzwischen Übernachtungsmöglichkeiten für Angehörige.

Grundsätzlich gilt: Alle Menschen, die aufgrund einer schweren Erkrankung eine Hospiz- und Palliativversorgung brauchen, bekommen sie von der Krankenkasse bezahlt. Dies gilt für palliative Pflege zu Hause, in der Palliativstation eines Krankenhauses sowie im Hospiz. Dazu kommen Leistungen aus der Pflegekasse, sofern der MDK die Pflegebedürftigkeit feststellt.
Stationäre Hospize müssen allerdings einen festgelegten Prozentsatz der Gesamtkosten aus Spendenmitteln finanzieren. Die Gäste sind aufgrund einer Bestimmung aus dem Jahr 2009 von einer finanziellen Beteiligung für ihre Unterbringung befreit.
Für die Beratung sowie die ehrenamtliche Begleitung durch ambulante Hospizdienste bezahlen betroffene Personen und ihre Familien normalerweise nichts.

Hospiz

Für alle Menschen, denen medizinisch nicht mehr geholfen werden kann und die würdevoll, liebevoll und kompetent gepflegt ihre letzten Stunden und Tage verbringen sollen, ist ein Hospiz (aus dem Lateinischen: „hospitium“ = Herberge) der richtige Ort. Genau genommen handelt es sich bei einem Hospiz allerdings nicht um eine eindeutig definierte Institution, sondern um ein Konzept, das eine möglichst umfassende Begleitung von Sterbenden und Trauernden zum Inhalt hat.

Träger der Hospizvereine sind meistens gemeinnützige Organisationen. Sie bieten deshalb ihre Dienste ambulant, teilstationär und stationär an. Zum Standard gehört, dass der Patient durch ein interdisziplinäres Team versorgt wird. Dazu gehören Ärzte, Pflegekräfte, Sozialarbeiter, Seelsorger und viele ehrenamtliche Betreuer. Unterschiedlich organisiert ist vor allem die ärztliche Versorgung. So haben stationäre Hospize fast immer einen ärztlichen Leiter im Haus, manche – vor allem ambulante Hospizvereine – arbeiten mit niedergelassenen Medizinern zusammen. Wenn der Patient es wünscht, darf er aber auch seinen vertrauten Hausarzt einbeziehen.

Lebensqualität statt Lebensquantität, das ist die Voraussetzung unter der ein unheilbar kranker Mensch von einem Hospizdienst versorgt wird. Zudem steht der geäußerte oder auch der gemutmaßte Wille des Patienten immer an erster Stelle.

Eine große Rolle in der Behandlung spielt die Schmerztherapie, aber die allein ist es nicht, denn der ganze Körper mit Seele und Geist braucht Zuwendung und Pflege.

Hospizdienste sind deshalb rund um die Uhr im Einsatz. Sie lassen die Angehörigen nicht allein, auch wenn es mitten in der Nacht oder am frühen Morgen kritisch wird. Angehörige sind in stationären Hospizen übrigens immer willkommen. Gegebenenfalls werden sogar Schlafmöglichkeiten geschaffen und natürlich gibt es eine Kaffeeküche, wo sich die Familie ausruhen kann. Ist der Angehörige dann verstorben, helfen die Hospizdienste mit Beratung und Trauerbegleitung weiter.

7.3 Vom Umgang mit der Trauer

Zu allen Abschieden gehört ganz wesentlich die Trauer, insbesondere natürlich im Zusammenhang mit Sterben und Tod. In der Hoffnung, dass man Menschen mit Behinderung vor allzu großem Schmerz bewahren möchte, neigen Angehörige, aber auch andere Personen dazu, traurige Ereignisse von ihnen fern zu halten. Doch damit verhindert man im Grunde, dass die belastende Situation verarbeitet werden kann. Grundsätzlich sollte man davon ausgehen, dass Menschen mit geistiger Behinderung genauso trauern wie Personen ohne Behinderung. Viele Jahre lang schenkte man dieser Fähigkeit allerdings keine große Aufmerksamkeit. Glücklicherweise ist das heute anders geworden. Angehörige sowie Mitarbeiter in Wohneinrichtungen kümmern sich inzwischen gezielt um die Begleitung derjenigen, die jemanden verloren haben und es gibt – allgemein anerkannt – einige Schritte, die zu einer guten Trauerbegleitung gehören.

Die Trauerspirale

Man muss sich das Trauern nicht als einen abgeschlossenen Zeitraum vorstellen. Vielmehr gibt es ganz unterschiedliche Phasen, die ineinander greifen und die mal mehr, mal weniger stark ausfallen. Jeder durchläuft sie: Eltern, Menschen mit Behinderung, Geschwister, Freunde und andere nahestehende Personen. Das Bild einer Spirale ist deshalb nicht schlecht, weil man beim Trauern keineswegs immer weiter fortschreitet. Manchmal scheint es wieder ein bisschen rückwärts zu gehen, dann wieder bergauf und das Ende steht überhaupt nicht fest und wird eventuell sogar niemals erreicht.

- **Trauern beginnt eigentlich schon, wenn jemand noch gar nicht verstorben ist.** Man sollte also unbedingt bereits im Vorfeld über die lebensbedrohliche Erkrankung des Angehörigen informieren und Gelegenheit zum Abschied geben. Begleitend dazu sind Gespräche über das Sterben, den Tod und vielleicht auch ein Leben nach dem Tod wichtig.
- **Ist der geliebte Mensch verstorben, sollte unbedingt Gelegenheit sein, denjenigen noch einmal zu sehen, anzufassen.** Man kann Abschiedsbriefe schreiben und sie in den Sarg legen, gemeinsam die Feier gestalten, Blumen aussuchen, Trauerbildchen entwerfen, den Sarg schmücken, die Lieder auswählen. So traurig es sein mag, die Beschäftigung mit all den praktischen und notwendigen Dingen macht den Schmerz der allerersten Zeit ein wenig leichter und auch begreifbarer. Die Familie wächst zusammen, redet miteinander. Das Gleiche gilt natürlich für eine Wohngemeinschaft. Auch hier lassen sich gemeinsame Rituale finden, die es möglich machen, den Abschied vom Mitbewohner ein klein wenig erträglicher zu machen. Eine Wohngruppe könnte z.B. gemeinsam den Sarg gestalten – also bemalen oder bekleben –, Kerzen aufstellen, Blumen bringen oder gemeinsam singen, je nach Fähigkeit und Belastbarkeit der Mitarbeiter und Mitbewohner. Wichtig ist nur, dass der einzelne Mensch mit Behinderung nicht alleine mit seinen Ängsten und Gefühlen ist. Mit all diesen Tätigkeiten kann versucht werden, dem Betroffenen Gelegenheit zu geben, den Verlust erst einmal zu akzeptieren. Danach kann es noch sehr lange dauern, und auch noch nach Jahren immer wieder vorkommen, dass Phasen von Trauer und Schmerz sich einen Weg bahnen.
- **Die Zeit nach dem Tod gehört dem Pflegen der Erinnerungen.** Besuche am Grab sind dabei Teil der Trauerarbeit. Auch Gedenktage wie Geburtstag oder Todestag sind Momente, in denen das Andenken noch einmal aufleben kann. Lieblingslieder oder -blumen lassen die Vorlieben der geliebten Person noch einmal auferstehen. Genauso lebendig bleibt die Erinnerung, wenn ein Foto des Verstorbenen aufgehängt wird. Sehr schön sind Erinnerungsalben mit Fotos von verschiedenen Gelegenheiten, die man gemeinsam erlebt hat. Auch Menschen, die nicht lesen können, haben so die Möglichkeit, die verstorbene Person immer wieder anzuschauen und die Erinnerungen zu pflegen. Eine andere Variante ist eine Erinnerungsschachtel. Man kann sie mit Gegenständen des Verstorbenen füllen, mit Schmuckstücken, Postkarten, Kleiderstoffen, Knöpfen und anderem mehr.

***Martina Zabel**, Wohnbereichsleiterin in einem Wohnheim in Bochum, berichtet, wie Angehörige versuchten, den Mitbewohnern eines Verstorbenen bei der Bewältigung ihrer Trauer zu helfen:*
„Die Mutter eines Bewohners legte Herrn G. (er war im Wohnheim verstorben) einen Rosenquarz in die Hände und schenkte anschließend jeder Bewohnerin und jedem Bewohner einen ähnlichen Stein als symbolische Erinnerung. Eine andere Mutter brachte ein Bild von Hieronymus Bosch zum Thema Tod und erklärte der Gruppe auf verständliche und einfühlsame Art und Weise die Aussage des Bildes. Dieses Bild hängt seitdem zusammen mit einem Rosenquarz im Wohnzimmer der Wohngruppe."

Für ältere Personen und Menschen mit einer Gehbehinderung bieten manche Städte sogenannte Friedhofsmobile an. Das heißt: Wer ein Grab besuchen möchte, meldet sich telefonisch an und wird dann – meist mit einem kleinen Elektromobil – zum Grab des Angehörigen gebracht und dort auch wieder abgeholt.

Trauernde Eltern

Für Eltern, ganz gleich wie alt sie sind, gibt es nichts Schlimmeres, als ihr Kind zu verlieren. Sie fallen in ein tiefes Loch, aus dem sie ohne Hilfe manchmal gar nicht wieder herauskommen.

***Roswita M.**, 80-jährige Mutter eines Sohnes mit mehrfacher Behinderung, der aufgrund seiner schweren Herzerkrankung mit knapp 60 Jahren starb:*
„Ganz oft habe ich mich gefragt, ob man sich darauf vorbereiten kann, dass das eigene Kind stirbt. Eigentlich habe ich es mir ja sogar fast gewünscht, denn ich weiß nicht, wie Rainer meinen Tod verkraftet und ob sich jemand so um ihn gekümmert hätte, wie ich das mein Leben lang getan habe. Aber jetzt – als der Fall tatsächlich eingetreten ist – bin ich doch unendlich traurig und allein. Ich weiß gar nicht mehr so recht, was ich auf der Erde noch verloren habe und fühle mich irgendwie dem Himmel ein Stückchen näher."

Für Außenstehende ist das nicht immer so leicht zu verstehen. Sie sehen die Mühe und die Sorge um das Kind mit Behinderung und meinen, mit dem Tod falle vor allem sehr viel Last weg. Doch die meisten

Eltern können in ihrem Schmerz diese Seite erst einmal gar nicht sehen. Für sie fällt ihr Lebensinhalt weg und sie vermissen gerade dieses Kind ganz besonders. Trauernde Eltern von Menschen mit Behinderung unterscheiden sich deshalb von anderen trauernden Angehörigen. Sie brauchen besonders viel Verständnis von ihrer Umgebung. Es ist also auch nicht ratsam, sich einfach in irgendeine Trauergruppe zu begeben. Dort wird man im Zweifel auf die besondere Situation nicht wirklich eingehen können. Besser, man sucht sich Menschen, die Ähnliches erlebt haben. Im Internet wird man da leicht fündig. Gerade ältere Eltern, die vielleicht schon Rentner sind und keine Ablenkung durch Arbeit mehr haben, sollten nicht zu lange warten, sich Hilfe zu holen, wenn Schmerz und Trauer sie überwältigen.

7.4 Die letzten Dinge regeln

Eine Angst, die alt gewordene Eltern von Kindern mit geistiger Behinderung am meisten plagt, ist: Wer kümmert sich um meinen Sohn, meine Tochter wenn ich nicht mehr da bin? Niemand wird diese Sorgen ganz nehmen können, deshalb sollte man versuchen, möglichst viel zu regeln, weil dann wenigstens der Wunsch und Wille festgehalten sind. An erster Stelle steht dabei das Testament, da es den lebenden Nachfahren hilft, im Sinne des Verstorbenen zu handeln.

Danach kommt dann auch irgendwann der Gedanke an das Sterben und den Tod des Kindes. Auch da kann man vorsorgen und vor allem, seinen Willen schriftlich festlegen. Viele Eltern kaufen vorsorglich eine Grabstelle und sie kümmern sich – sofern sie das können – um die finanzielle Seite, indem sie eine Versicherung abschließen.

Hat eine Person mit geistiger Behinderung keine Angehörigen mehr, ist es gut, wenn Eltern möglichst detailliert ihre Wünsche geäußert und auch schriftlich hinterlegt haben. Dann wissen gesetzliche Betreuer, Mitarbeiter im Wohnheim und andere Menschen, was gewünscht und gewollt war.

Das Behindertentestament

Eigentlich sollte man es so früh wie möglich machen, doch manches im Leben schiebt man lieber vor sich her. Allerspätestens, wenn das Rentenalter erreicht ist, muss definitiv ein Behindertentestament erstellt werden, weil sonst der Sohn oder die Tochter mit Behinderung im Fall des Todes der Eltern nichts von ihrem Erbe haben. Alle paar Jahre – vor allem, wenn sich an der Vermögenslage etwas ändert – sollte das Testament von einem Fachmann überprüft und gegebenenfalls überarbeitet werden. Für Eltern ist es ein gutes Gefühl zu wissen, dass ihre Kinder auch nach ihrem Tod finanziell abgesichert sind. Aus diesem Grund versuchen die meisten nach ihren Möglichkeiten, Geld oder sonstige Vermögenswerte für die Nachkommen aufzubewahren. In ganz besonderer Weise gilt das für Eltern von Kindern mit Behinderung. Erben aber der Sohn oder die Tochter mit geistiger Behinderung, die in einer vollstationären Einrichtung leben, aus dem Nachlass ein Vermögen, dann müssen die Kosten für die Wohnstätte so lange selbst finanziert werden, bis fast das gesamte Vermögen aufgebraucht ist. Das klingt zunächst nach einer berechtigten Forderung, denn warum soll jemand, der „reich" ist, auf Kosten der Öffentlichkeit leben? Aber man muss bedenken, dass es keine Möglichkeit gibt, die kleinen Extras zu finanzieren, wenn das Vermögen einmal aufgebraucht ist. Und es wird sehr eng, wenn ein Mensch mit Behinderung von seinem Taschengeld eine Ferienreise zahlen oder sich Karten für ein Fußballspiel oder ein Konzert kaufen will. Sind die Nachkommen mit geistiger Behinderung aber nicht als Vollerben eingesetzt, sondern „nur" als Vorerben, dann werden die anfallenden Kosten für Wohnen und Betreuung von der Eingliederungshilfe übernommen. Also sollte das Testament so gestaltet werden, dass der Erbe mit Behinderung auch tatsächlich etwas vom Nachlass hat. Dazu ist es dringend erforderlich, dass eine Person als Testamentsvollstrecker und eine als gesetzlicher Betreuer eingesetzt werden. Die wichtigsten Punkte, die im Testament enthalten sein sollten, sind:

- Die Eltern setzen das Kind mit Behinderung zum **„beschränkten Vorerben"** bzw. zum **„nicht befreiten Vorerben"** ein. Dabei muss der Erbanteil geringfügig über dem gesetzlichen Pflichtteil liegen.
- Ein **Nacherbe** muss ernannt werden, denn verstirbt auch der Angehörige mit Behinderung, kann das restliche Vermögen weitervererbt werden. Nacherben können zum Beispiel Geschwister sein, aber auch Organisationen wie die Lebenshilfe oder andere gemeinnützige Träger und Vereine.
- Für diese Vorerbschaft muss ein **Testamentsvollstrecker** festgelegt werden.
- Für den Testamentsvollstrecker sollte eine **Verwaltungsanordnung** festgelegt werden.

- Ein **Betreuer** sollte vorgeschlagen werden. Das können Geschwister, andere Angehörige, ehrenamtliche oder auch professionelle Betreuer sein, zu denen man Vertrauen hat.

Da das Verfassen eines Behindertentestaments im Einzelnen sehr kompliziert ist, ist es auf jeden Fall sinnvoll, einen Fachanwalt für Sozialrecht oder einen Notar hinzuzuziehen, der sich gut im Sozialrecht auskennt. Auf der Homepage der Bundesvereinigung Lebenshilfe (www.lebenshilfe.de) kann man in der Rubrik „Recht" unter dem Stichwort „Allgemeines" eine Liste mit entsprechenden Fachleuten finden.

Patientenverfügung

Selbst zu bestimmen, wann keine Schläuche und lebensverlängernden Maßnahmen mehr zum Einsatz kommen sollen, wann es genug ist – das ist der Wunsch vieler Menschen. Aus diesem Grund bietet es sich an, eine Patientenverfügung zu verfassen bzw. ein entsprechendes Formular auszufüllen, das im Ernstfall für die Ärzte bindend ist. Darin kann man genau die Situationen festlegen, in denen nichts mehr zur Verlängerung des Lebens getan werden darf. Hier stellt sich allerdings folgende Frage: Könnte auch eine Person mit geistiger Behinderung eine Patientenverfügung treffen? Genaugenommen geht das jedoch nur dann, wenn die Person mit geistiger Behinderung die Bedeutung und die Tragweite einer ärztlichen Behandlung erfassen kann. Man nennt das Einwilligungsfähigkeit. Hat der volljährige Sohn oder die Tochter aber einen gesetzlichen Betreuer, der auch für die Gesundheitsfürsorge zuständig ist, so geht das Gericht eigentlich nicht davon aus, dass die erforderliche Einsichtsfähigkeit für medizinische Maßnahmen beim Betreuten vorhanden ist. Eine Patientenverfügung wäre in diesem Fall nicht wirksam. Viel wichtiger als eine schriftliche Patientenverfügung ist deshalb, dass die gesetzlichen Betreuer wissen, was die Person mit geistiger Behinderung wollen würde. In § 1901a Abs. 2 BGB heißt es:

> *„Der mutmaßliche Wille ist aufgrund konkreter Anhaltspunkte zu ermitteln. Zu berücksichtigen sind insbesondere frühere mündliche oder schriftliche Äußerungen, ethische oder religiöse Überzeugungen und sonstige persönliche Wertvorstellungen des Betreuten."*

Ist eine medizinisch kritische Situation eingetreten, wird man in jeder Klinik die Eltern, die Angehörigen oder die gesetzlichen Betreuer fragen, was sie für richtig halten. Im Zweifelsfall ist manchmal auch die Bezugsperson aus dem Wohnheim in der Lage, den mutmaßlichen Willen zu erkennen und dann wird man ihr auch Gehör schenken. Ärzte, Ethikkommission und Pflegepersonal werden froh sein, wenn jemand da ist, der die Person gut kennt und der sie versteht.

Dennoch sollte man nicht grundsätzlich davon ausgehen, dass eine Person mit geistiger Behinderung nicht in der Lage ist, ihre eigene Patientenverfügung zu formulieren. Diese entspricht dann vielleicht nicht den üblichen Normen, kann aber dennoch die wichtigsten Punkte enthalten.

Eine Patientenverfügung für Menschen mit geistiger Behinderung in Leichter Sprache hat der Landschaftsverband Rheinland, genauer gesagt das Heilpädagogische Hilfe-Netz-Ost (LVR-HPH-Netz-Ost) und Bonn Lighthouse (Verein für ambulante und stationäre Hospizarbeit), verfasst: „Zukunftsplanung zum Lebensende: Was ich will!" Man kann die Broschüre herunterladen unter: www.foerderverein-bonn-beuel.de.

Nur eines ist juristisch nicht möglich: Weder Eltern noch gesetzliche Betreuer dürfen für ihr Kind eine Patentenverfügung treffen.

Bestattungskosten

Ein Begräbnis ist teuer. Wenn man also dafür sorgen möchte, dass es dennoch würdig und schön wird, sollte man vorsorgen, denn es gibt kein Sterbegeld von der Krankenkasse mehr. Man kann aber eine private **Sterbegeldversicherung** abschließen. Handelt es sich dabei allerdings um eine kapitalbildende Versicherung, die auf die Person mit Behinderung läuft, so wird diese Summe als Vermögen angerechnet und muss von allen, die Grundsicherung bekommen, bis auf den Freibetrag eingesetzt werden. Diese Schwierigkeit umgeht man, wenn der Bezugsberechtigte der Versicherungssumme ein Angehöriger oder auch ein bestimmtes Bestattungsunternehmen ist.

Sterbegeldversicherungen für Menschen mit geistiger Behinderung bietet der Versicherungsverein Lebenshilfe AG (wp.versicherungsverein-lebenshilfe.de) oder die Bruderhilfe Pax Familienfürsorge (www.vrk.de).

Grabpflege

Auch die Grabpflege lässt sich lange im Voraus regeln. Viele Friedhofsgärtnereien bieten Verträge über einen Zeitraum von 15 Jahren und länger an. Man sollte sich dabei allerdings erkundigen, ob die Gärtnerei dem Bund deutscher Friedhofsgärtner (BdF)angehört. Die genossenschaftlich organisierten Gärtner werden immer wieder überprüft, sodass die Gefahr einer verwahrlosenden Grabstelle nicht so groß ist. Die Kosten für die Grabpflege richten sich nach der Laufzeit des Vertrages und natürlich nach der gewünschten Leistung. Bei Vertragsabschluss bezahlt man die vereinbarte Summe. Diese wird dann angelegt und jährlich an den entsprechenden Friedhofsgärtner ausbezahlt. Turnusmäßig überprüft die Genossenschaft die Bepflanzungen der Gräber.

Im Leistungspaket enthalten sein kann auch der Blumenschmuck für die Bestattungsfeier sowie die Dekoration der Aussegnungshalle, Kränze, Trauersträuße und Sargschmuck für innen und außen.

8 Schlusswort

Drei Bücher haben wir geschrieben, die sich mit entscheidenden Stationen auf dem Lebensweg unserer „Kinder“ mit geistiger Behinderung beschäftigen: die ersten Jahre (Pollmächer / Holthaus 2005: Auf einmal ist alles anders!), das Erwachsenwerden (Holthaus / Pollmächer 2007: Wie geht es weiter?) und nun den vorliegenden Titel, der das Alter betrifft. Dankbar sind wir unseren lebensfrohen und lebenstüchtigen Kindern Judith und Matthias, ohne die unser Leben sehr viel ärmer gewesen wäre, auch wenn wir uns das nicht hätten vorstellen können, als sie auf die Welt kamen und wir mit der Diagnose Down-Syndrom und folglich mit einer geistigen Behinderung konfrontiert wurden.

Wir haben viele Menschen kennengelernt und durften Einblick nehmen in ihr Leben und ihre Gedanken. Auch dafür möchten wir danken. Besonders erwähnen möchten wir Margret Mayer-Brauns von der Elternberatung der Lebenshilfe München, deren vielfältiges Wissen und praktische Erfahrung uns immer wieder weitergeholfen haben, und Brigitte Heitzmann, Mutter einer 46-jährigen Tochter mit Down-Syndrom, die uns mit ihrer Lebenserfahrung und ihrem kritischen Verstand immer neue Wege wies. Wir haben viel gelernt in dieser Zeit – über andere und über uns selbst.

Festhalten möchten wir im Rückblick einige Aspekte, auf die wir immer wieder gestoßen sind: Seit den dunklen Jahren des nationalsozialistischen Regimes hat sich für die uns anvertrauten Menschen mit geistiger Behinderung vieles verändert. Sie haben heute eine rechtlich und finanziell abgesicherte Position. Auch wenn ihre Akzeptanz in der Gesellschaft noch nicht so ist, wie wir es uns wünschen, können wir uns über die Fortschritte freuen. Es ist nicht vorstellbar, dass diese Entwicklung wieder völlig rückgängig gemacht werden kann, auch wenn es im einzelnen Fall noch viele Hindernisse und Schwierigkeiten gibt.

Angehörige von Menschen mit geistiger Behinderung haben heute ein völlig anderes Selbstverständnis und Selbstbewusstsein. Gerade die Eltern, deren Kinder in den ersten zwei Jahrzehnten nach dem Krieg geboren wurden, stellen das immer wieder fest. Mühsam mussten sie um jeden kleinen Fortschritt kämpfen. Sie bauten, zusammen mit Fachleuten, ein System von Hilfen auf, das die Kinder förderte und die Eltern entlastete. Ein Meilenstein in dieser Entwicklung war z.B. das Recht auf Beschulung, das Ende der 1960er Jahre in allen Bundesländern der BRD als Schulpflicht für Kinder mit geistiger Behinderung festgeschrieben wurde. (In der damaligen DDR trat die „Verordnung über die Beschulung und Erziehung von Kindern und Jugendlichen mit wesentlichen physischen oder psychischen Mängeln" 1951 in Kraft.) Sicher gibt es noch Diskriminierung und Ausgrenzung, aber das sind eher Einzelerfahrungen.

Auch das Verständnis der eigenen Rolle hat sich für Eltern in den 1990er und 2000er Jahren verändert. Schutz und Fürsorge sehen sie zwar nach wie vor als ihre Aufgabe, aber sie haben gelernt, die Eigenständigkeit ihrer Kinder zu respektieren. Die Wünsche der Eltern sind nicht automatisch auch die Vorstellungen der Kinder. Das Loslassen ist nach wie vor schwierig, aber die Chance auf eine eigenständige Entwicklung der Kinder (und der Eltern) ist heute ein unbestrittenes Anliegen.

Diesen Weg sind auch die Menschen mit Behinderung gegangen, immer stärker sprechen sie selbst für sich und treten dafür ein, ihren Platz in der Gesellschaft selbstbestimmt einzunehmen. Ein gutes Beispiel hierfür ist die Entwicklung der Lebenshilfe. 1958 von einer Gruppe aus Eltern und Fachleuten als „Lebenshilfe für das geistig behinderte Kind" gegründet, trägt sie heute – nicht zuletzt auf Betreiben der Menschen mit Behinderung selbst – nur noch den Titel „Lebenshilfe" und auf Orts-, Landes- und Bundesebene sitzen Menschen mit Behinderung im Vorstand.

Jeder möchte einen Menschen, den er liebt, so gut wie möglich vor Schmerzen und Enttäuschungen bewahren. Das gilt besonders für einen Angehörigen mit Behinderung, der trotz aller Selbstbestimmung oft wehrlos und verletzlich erscheint und abhängig von fremder Hilfe. Aber auch hier sollten wir Eltern bedenken, dass Leid und Verletzungen zu einem „normalen" Leben gehören. Unsere Kinder sind solchen Erfahrungen nicht wehrlos ausgeliefert. Wenn wir ihnen die Chance geben und sie unterstützen, entwickeln sie ihre eigenen Bewältigungsstrategien und können mehr meistern und verarbeiten, als wir ihnen zumuten möchten. Außerdem leben gerade Menschen mit geistiger Behinderung sehr stark im Heute, abstrakte Sorgen über den Untergang der Welt machen sie sich eher selten. Dieses Leben im Moment hilft ihnen in schwierigen Situationen – wir Eltern könnten da viel von ihnen lernen.

Natürlich bewegen auch uns die ethischen und politischen Fragen unserer Zeit, und wir leben mit vielen Widersprüchen in der Gesellschaft. Medizin und Forschung z.B., die uns, besonders durch die neuen Möglichkeiten der Genetik und den dadurch wachsenden Druck auf werdende Eltern, Angst machen, haben auf der anderen Seite unser Leben und das unserer Kinder erleichtert. Schuldzuweisungen und Aberglauben machen den Eltern das Leben nicht mehr schwer. Flächendeckende und differenzierte Therapieangebote sowie technische Hilfsmittel ermöglichen auch Menschen mit schweren Behinderungen eine Teilhabe am Leben und Raum für ihre unterschiedlichen Bedürfnisse. Andererseits greifen Sparmaßnahmen in unser Leben ein. Wir sehen die Diskrepanz zwischen der Inklusionsdebatte und der Realität im Alltag. Wir beschäftigen uns mit diesen Problemen, vertreten jedoch häufig auch unterschiedliche Standpunkte.

Wir haben uns in unseren Büchern auf unser Hauptanliegen beschränkt, wir haben vor allem für Eltern und Angehörige geschrieben und für diejenigen, die diesen Aspekt im Umgang mit Menschen mit Behinderung besser verstehen möchten.

Trotz vieler positiver Entwicklungen können wir uns nicht zufrieden zurücklehnen, denn es gibt noch genug zu tun. Wir wünschen uns vieles, z.B. eine Vereinfachung der Bürokratie, individuellere Lösungen, mehr Flexibilität in Bezug auf die Bedürfnisse eines einzelnen Menschen mit Behinderung und seine selbstverständliche Teilhabe in allen Bereichen des Lebens. Die Generation der Eltern, die nach dem Krieg vieles erkämpfen und aufbauen konnte, hat für uns eine Basis geschaffen, die auch heute noch trägt. An uns ist es, auf diesem Weg weiterzugehen.

München im Januar 2013
Angelika Pollmächer und
Hanni Holthaus

Literatur

Bundesarbeitsgemeinschaft der Senioren-Organisation e. V. (Hrsg.) (2012): Entlastung für die Seele – Ein Ratgeber für pflegende Angehörige. In: www.bagso.de, 6.12.2012

Bundesvereinigung Lebenshilfe e. V. (Hrsg.) (2011): Bäume wachsen in den Himmel. Sterben und Trauern. Ein Buch für Menschen mit geistiger Behinderung. Lebenshilfe-Verlag, Marburg

Deutsche Rentenversicherung (Hrsg.) (2012): Reha und Rente für schwerstbehinderte Menschen. In: www.deutsche-rentenversicherung.de, 6.12.2012

Deutsches Down-Syndrom InfoCenter (Hrsg.) (2012): Mein Gesundheitsbuch. In: www.ds-infocenter.de, 6.12.2012

Dworschak, W. (2008): Luxus oder Notwendigkeit? Empowerment und Selbstbestimmung in Freizeit und Bildung für jeden. L.I.E.S. – Lebenshilfe in eigener Sache 3, 59–64

Feurer, B. (2012): Karlsruher Kompass hilft bei der Zukunftsplanung. Lebenshilfe-Zeitung 1, 3

Holthaus, H., Pollmächer, A. (2007): Wie geht es weiter? Jugendliche mit einer Behinderung werden erwachsen. Ernst Reinhardt, München / Basel

Huber, B., Zöller, E., Lucht, I. (2009): Tanzen mit dem lieben Gott. Gütersloher Verlagshaus, Gütersloh

Klähn, D. (2012): Tagesstrukturierende Maßnahmen. In: www.fdst.de/rehabilitation/leben-wohnen/dauerwohnen/tagesstrukturierendemassnahmentsm, 6.12.2012

Kruse, K. (2012): Mein Kind ist behindert – diese Hilfen gibt es. Bundesverband für körper- und mehrfachbehinderte Menschen e. V., Düsseldorf

Lampart, E. (2002): Wenn der Rhythmus langsamer wird. L.I.E.S. – Lebenshilfe in eigener Sache 1, 4–9

Lindmeier, Ch. (2008): Biografiearbeit mit geistig behinderten Menschen – Ein Praxisbuch für Einzel- und Gruppenarbeit. 3. Aufl. Juventa Verlag, Weinheim

Pollmächer, A. (2011): Am Ende des Lebens angekommen. L.I.E.S. – Lebenshilfe in eigener Sache, 17 — 18

Pollmächer, A., Holthaus, H. (2005): Auf einmal ist alles anders! Wenn Kinder in den ersten Jahren besondere Förderung brauchen. Ernst Reinhardt, München / Basel

Schanze, C. (2011): Checkliste zur Erfassung von dementiellen Entwicklungen bei Menschen mit Intelligenzminderung (CEDIM). Medizin für Menschen mit geistiger oder mehrfacher Behinderung 8, 23–24

Theunissen, G. (2005): Depression und geistige Behinderung. Heilpädagogik online 1, 34–63
Zabel, M. (2002): Abschied nehmen. L.I.E.S. – Lebenshilfe in eigener Sache 3, 25–27

Adressen, Websites, Buchempfehlungen

Adressen und Ansprechpartner

Suchen Eltern bestimmte Informationen, ist die Recherche im Internet inzwischen selbstverständlich. Gibt man ein Stichwort ein, lassen sich meist ganz einfach die wesentlichen Informationen herausfinden, z. B. zu einer bestimmten Behinderung oder zu Stichworten, wie z. B. Biografiebogen. Selbsthilfegruppen erstellen und pflegen Websites, und darüber hinaus werden auf unterschiedlichen Plattformen Foren angeboten, in denen sich betroffene Eltern und Angehörige, Experten und Interessierte im Internet treffen. Sie sprechen bzw. schreiben über Fragen und Probleme und geben nützliche Tipps und Adressen weiter. Ähnlich funktionieren auch sogenannte Mailinglisten, über deren Verteiler sich der Personenkreis per E-Mail austauschen kann.

Wir haben uns bei unserer Adressenliste deshalb darauf beschränkt, nur die ganz großen Vereinigungen, Arbeitsgemeinschaften und Webseiten aufzuführen. Wer Kontakte in seiner näheren Umgebung sucht, kann sich dann über diese Zentralen weitervermitteln lassen oder im örtlichen Telefonbuch die nahegelegenen Ansprechpartner finden.

Deutschland

Agentur für Arbeit
Regensburger Str. 104
90478 Nürnberg
Homepage: www.arbeitsagentur.de

AWO Arbeiterwohlfahrt
Bundesverband e. V.
Heinrich-Albertz-Haus
Blücherstr. 60-62
D-10961 Berlin
Tel.: +49(0)30-263 09-0
info@awo.org
www.awo.org

Beauftragter der Bundesregierung
für die Belange
behinderter Menschen
Hubert Hüppe
Mauerstr. 53
D-10117 Berlin
Tel.:+49(0)30-185 27 29 44
anfrage@behindertenbeauftragter.de
www.behindertenbeauftragter.de

Bundesarbeitsgemeinschaft Gemeinsam leben – Gemeinsam lernen e. V.
Falkstr. 106
D-60487 Frankfurt
Tel.: +49(0)69-77 01 57 58
info@gemeinsamleben-gemeinsamlernen.de
www.gemeinsamleben-gemeinsamlernen.de

Bundesarbeitsgemeinschaft Hilfe für Behinderte e. V.
Kirchfeldstr. 149
D-40215 Düsseldorf
Tel.: +49(0)211-31 00 60
info@bag-selbsthilfe.de
www.bag-selbsthilfe.de

Bundesarbeitsgemeinschaft der Integrationsämter und Hauptfürsorgestellen(BIH)
Geschäftsstelle
c/o Landschaftsverband Rheinland
Hermann-Pünder-Straße 1
D-50679 Köln
Tel.:+49(0)221-809-7351 / -7352
www.integrationsaemter.de

Bundesarbeitsgemeinschaft der Senioren-Organisationen e. V. (BAGSO)
Bonngasse 10
D-53111 Bonn
Tel.: +49(0)228-24 99 93 11
kontakt@bagso.de
www.bagso.de

Bundesarbeitsgemeinschaft Werkstätten für behinderte Menschen e. V.
Sonnemannstr. 5
D-60314 Frankfurt am Main
Tel.: +49(0)69-94 33 94-0
info@bagwfbm.de
www.bagwfbm.de

Bundesministerium für Arbeit und Soziales
Wilhelmstr. 49
D-10117 Berlin
Bürgertelefon mit unterschiedlichen Nummern zu einzelnen Fragen, wie z. B.
Rente: +49(0)30-221 91 10 01
Unfallversicherung / Ehrenamt: +49(0)30-221 91 10 02
Infos für Menschen mit Behinderungen: +49(0)30-221 91 10 06
Europäischer Sozialfonds / Soziales Europa: +49(0)30-221 91 10 07
www.bmas.de

Bundesministerium für Gesundheit
Rochusstr. 1
D-53123 Bonn
und
Friedrichstr. 108
D-10117 Berlin
Bürgertelefon mit Behördenrufnummer 115
www.bmg.bund.de

Bundesministerium für Justiz
Mohrenstraße 37
D-10117 Berlin
Bürgertelefon mit Behördenrufnummer 115
www.bmj.bund.de

Bundesverband für Körper- und Mehrfachbehinderte e. V.
Brehmstr. 5-7
D-40239 Düsseldorf
Tel.: +49(0)211-64 00 40
Mail: info@bvkm.de
www.bvkm.de

Bundesvereinigung Lebenshilfe e. V.
Raiffeisenstr. 18
D-35043 Marburg
Tel.: 06421-41 90
und
Leipziger Platz 15
D-10117 Berlin
Tel.: +49(0)30-206 41 10
bundesvereinigung@lebenshilfe.de
www.lebenshilfe.de

Der Paritätische Wohlfahrtsverband
Oranienburger Str. 13-14
D-10178 Berlin
Tel.: +49(0)30-24 63 60
info@paritaet.org
www.der-paritaetische.de oder
www.paritaet.org

Deutsche Gesellschaft für seelische Gesundheit bei Menschen mit geistiger Behinderung e.V.
c/o Prof. Dr. Michael Seidel
Bereich Bethel.regional
Maraweg 9
D-33617 Bethel
Tel.: +49(0)521-144 26 13
www.dgsgb.de

Down-Syndrom Netzwerk e.V.
Speyererstr. 20
D-50739 Köln
Tel.: +49(0)221-16 83 19 88
www.down-syndrom-netzwerk.de

Netzwerk People First Deutschland e.V.
Kölnische Straße 99
D-34119 Kassel
Tel.: +49(0)561-728 85 55
info@menschzuerst.de
www.people1.de

Patientenschutzorganisation Deutsche Hospiz Stiftung
Europaplatz 7
D-44269 Dortmund
Tel.: +49(0)231-738 07 30
www.hospize.de

Sozialverband VdK Deutschland e.V.
In den Ministergärten 4
D-10117 Berlin
Tel.: +49(0)30-726 29-0400
kontakt@vdk.de
www.vdk.de

Stiftung Leben pur
Adamstr. 5
D-80636 München
Tel.: +49(0)89-35 74 81 19
info@stiftung-leben-pur.de
www.stiftung-leben-pur.de

Verband für anthroposophische Heilpädagogik, Sozialtherapie und soziale Arbeit e.V.
Schloßstraße 9
D-61209 Echzell-Bingenheim
Tel.: +49(0)6035-811 90
info@verband-anthro.de
www.verband-anthro.de

Österreich

bidok: behinderung inklusion dokumentation
Institut für Erziehungswissenschaften der Universität Innsbruck
Liebeneggstr. 8
A-6020 Innsbruck
Tel.: +43(0)512-507 40 38
integration-ezwi@uibk.ac.at
bidok.uibk.ac.at

Lebenshilfe Österreich
Bundesvereinigung für Menschen mit geistiger Behinderung e.V.
Förstergasse 6
A-1020 Wien
Tel.: +43(0)18 12-26 42
office@lebenshilfe.at
www.lebenshilfe.at

Schweiz

insieme Schweiz
Aarbergergasse 33
Postfach 6819
CH-3001 Bern
Tel.: +41(0)31-305 13 13
sekretarit@insieme.ch
www.insieme.ch

Integration Handicap, Schweizerische Arbeitsgemeinschaft zur Eingliederung Behinderter
Bürglistrasse 11
CH-8002 Zürich
Tel.: +41(0)44-201 58 26
info@integrationhandicap.ch
www.integrationhandicap.ch

INSOS Nationaler Branchenverband der Institutionen für Menschen mit Behinderung
Zieglerstrasse 53
CH-3000 Bern 14
Tel.: +41(0)31-385 33 00
zs@insos.ch
www.insos.ch

pro infirmis
Feldeggstr. 71
Postfach 1332
CH-8032 Zürich
Tel.: +41(0)44-388 26 26
contact@proinfirmis.ch
www.proinfirmis.ch

Schweizerische Arbeitsgemeinschaft von Ärzten für Menschen mit geistiger oder mehrfacher Behinderung (SAGB)
c/o Dr. med. Felix Brem
Rathausstr. 17
Postfach 59
CH-8570 Weinfelden
sekretariat@sagb.ch
www.sagb.ch

Stiftung Schweizer Zentrum für Heil- und Sonderpädagogik
Haus der Kantone
Speichergasse 6
CH-3000 Bern 7
Tel.: +41(0)31-320 16 60
szh@szh.ch
www.szh.ch

Internetportale und Foren

Informationen zu bestimmten Themen

wp.versicherungsverein-lebenshilfe.de
Der Versicherungsverein Lebenshilfe a.G. ist eine Selbsthilfeeinrichtung und richtet sich ausdrücklich an Menschen mit und ohne Behinderungen. Bei diesem Versicherungsverein bestehen keine Unterschiede aufgrund einer Behinderung in Leistung und Umfang der Versicherung. Der Versicherungsverein bietet eine Sterbegeldversicherung und eine Absicherung der Beerdigungskosten im Sterbefall für Menschen mit und ohne Behinderung.

www.vrk.de
Eine gemeinsame Initiative der Bundesvereinigung Lebenshilfe e. V., dem Bundesverband evangelischer Behindertenhilfe e. V. und der Versicherer im Raum

der Kirchen, die als Versicherer Schutz und Vorsorge für Menschen mit geistigen Behinderungen anbietet, u. a. auch eine Sterbegeldversicherung.

www.ds-infocenter.de
Neben allgemeinen Informationen findet man hier Beratungsangebote, Publikationen und Aktivitäten sowie Bücher, Broschüren und Flyer rund um das Thema Down-Syndrom.

www.deutsche-rentenversicherung.de
Auf diesem Internetportal findet man alles zum Thema gesetzliche Rente und private Altersvorsorge. Formulare und Anträge können hier heruntergeladen werden.

www.foerderverein-bonn-beuel.de
Der Förderverein Bonn-Beuel e. V. hat eine Patientenverfügung in Leichter Sprache verfasst. Die Broschüre kann unter „Patientenverfügung" als PDF-Datei heruntergeladen werden.

www.mara.de
Das Zentrum für Behindertenmedizin in Bielefeld ist ein Akutkrankenhaus mit internistischer und chirurgischer Abteilung, das sich auf die Diagnostik und Behandlung von Menschen mit Behinderungen spezialisiert hat.

Foren für Eltern und Angehörige von Menschen mit Behinderung

www.cebeef.com
Der „Club Behinderter und ihrer Freunde" in Frankfurt am Main betreibt ein Online-Magazin. Es bietet laufend aktualisierte Nachrichten zur Behindertenpolitik, Tipps, Reiseangebote, Kleinanzeigen und ein Forum, in dem sich Betroffene und Angehörige austauschen können. Es ist somit eine nützliche Internetplattform für Menschen mit Behinderung und ihre Angehörigen.

www.down-syndrom-netzwerk.de
Ein Online-Wegweiser und Ratgeber der „Aktion Mensch" für Familien, die Angehörige mit einer Behinderung haben, sowie für diejenigen Stellen, die diese Familien betreuen. Ein Forum bietet die Möglichkeit zum Austausch, eine Adressdatenbank gibt Hinweise auf geeignete Einrichtungen, Ämter, Beratungsstellen. Aktuelle Tipps in rechtlichen und sozialen Belangen runden das Angebot ab.

www.familienratgeber.de
Der Familienratgeber der „Aktion Mensch" für Menschen mit Behinderungen und ihre Familien bietet neben Informationen und Nachrichten eine umfas-

sende Adressdatenbank zu unterschiedlichen Rubriken, wie z. B. medizinische Reha, Behinderung im Alter etc.

www.intakt.info
Diese Internetplattform ist für Eltern von Kindern mit Behinderung, für Selbsthilfegruppen, Experten und Organisationen gedacht. Hier findet man ein Forum, auf dem man sich austauschen kann, sowie zahlreiche Informationen, Adressen und aktuelle Angebote rund um das Thema Behinderung.

www.rehakids.de
Dieses Forum richtet sich an alle, die mit besonderen Kindern zu tun haben – von Kindern, Babys und Jugendlichen mit leichten Entwicklungsverzögerungen oder Körperbehinderungen bis hin zu solchen mit Schwer- und Mehrfachbehinderungen.

www.senporta.de
Ein Hilfeportal für betreuende Angehörige. Hier kann man sich verständliche und umfassende Informationen bei allen Problemen im Bezug auf Pflege holen.

Buchempfehlungen

Unsere Buchempfehlungen sind eine persönlich zusammengestellte Auswahl, die keinerlei Anspruch auf Vollständigkeit erhebt. Manche der Bücher oder Broschüren sind eher für Fachleute geeignet, andere für diejenigen, die zu einer bestimmten Frage mehr wissen wollen.

Alt werden allgemein

Bleeksma, M. (2009): Mit geistiger Behinderung alt werden. 3. Aufl. Beltz Verlag, Weinheim
Seit 13 Jahren ein Klassiker, wenn es um das Verständnis von älter werdenden Menschen mit geistiger Behinderung geht.

Buchka, M. (2003): Ältere Menschen mit geistiger Behinderung – Bildung, Begleitung, Sozialtherapie. Ernst Reinhardt, München / Basel
Sehr ausführliche, wissenschaftlich fundierte Literatur, die eher für Fachleute geeignet ist.

Bundesverband für Körper- und Mehrfachbehinderte (Hrsg.) (2009): Segel setzen – Aufbruch zum selbstbestimmten Ruhestand von Menschen mit Behinderung. Lebenshilfe Verlag, Marburg

Ausgangspunkt war ein Projekt, das die Wünsche und Bedürfnisse von Menschen mit geistiger Behinderung klären sollte. Daraus entstand ein Projektbericht, der einen interessanten Einblick gibt.

Biografiearbeit

Lindmeier, C. (2008): Biografiearbeit mit geistig behinderten Menschen – Ein Praxisbuch für Einzel- und Gruppenarbeit. 3. Aufl. Juventa Verlag, Weinheim
Detaillierte Darstellungen zu Biografiearbeit. Geeignet für Fachleute, aber auch für interessierte Angehörige.

Demenz

Dorn, Th., Schweizerisches Epilepsie-Zentrum Zürich (Hrsg.) (2011): Demenz bei Menschen mit geistiger Behinderung. Sonderheft der Zeitschrift „Medizin für Menschen mit geistiger oder mehrfacher Behinderung". Edition Bentheim, Würzburg
Ein Sonderheft mit unterschiedlichen, wissenschaftlichen Artikeln zum Thema Demenz. Eher für Fachleute geeignet.

Gusset-Bährer, S. (2012): Demenz bei geistiger Behinderung. Ernst Reinhardt, München
Wichtige und gut verständliche Beschreibung des Krankheitsbildes „Demenz" mit all seinen Facetten. Auch für Laien verständlich.

Psychotherapie

Heijkoop, J. (2011): Herausforderndes Verhalten von Menschen mit geistiger Behinderung – Neue Wege der Begleitung und Förderung. 5. Aufl. Beltz Verlag, Weinheim
Theunissen, G. (2011): Geistige Behinderungen und Verhaltensauffälligkeiten. Ein Lehrbuch für die Schule, Heilpädagogik und außerschulische Behindertenhilfe. UTB, Stuttgart
Beide Bücher sind eher für Fachleute, helfen aber, Verhaltensauffälligkeiten leichter zu verstehen und geben pädagogische Hilfestellungen.

Hennicke, K. (Hrsg.) (2011): Praxis der Psychotherapie bei erwachsenen Menschen mit geistiger Behinderung. Lebenshilfe Verlag, Marburg
Eine Sammlung von sehr informativen Artikeln zum Thema, die auch gut von Laien gelesen und verstanden werden können.

Recht

Greß, J. (2009): Recht und Förderung für mein behindertes Kind. Beck Ratgeber bei dtv, München
Äußerst hilfreich und sehr detailliert sind hier alle wichtigen Fragen zu Sozialleistungen, Betreuung und Testament erklärt. Diesen Ratgeber sollten alle Angehörigen von Menschen mit geistiger Behinderung im Bücherschrank haben.

Trauer

Bundesvereinigung Lebenshilfe (Hrsg.) (2011): Bäume wachsen in den Himmel. Sterben und Trauern. Lebenshilfe Verlag, Marburg
Ein Buch mit vielen Bildern, das Situationen von Trauer, Tod und Begräbnis eindrücklich für Menschen mit geistiger Behinderung verständlich aufzeigt.

Huber, B., Zöller, E., Lucht, I. (2009): Tanzen mit dem lieben Gott. Gütersloher Verlagshaus, Gütersloh
Ein geführter Spaziergang durch die eigene Vergangenheit, Gegenwart und Zukunft und ein Geschenkbuch mit behutsamen Fragen, tröstenden und anregenden Texten sowie Platz für Notizen. Eher für ältere Angehörige geeignet.

Rinder, N., Rauch, F. (2012): Das letzte Fest – Neue Wege und heilsame Rituale. Irisiana, München
Neue ganzheitliche Wege werden hier aufgezeigt, um die Zeit der Trauer zu gestalten. Für alle geeignet, die sich mit Tod und Trauer befassen.

Wohnen

Bundesvereinigung Lebenshilfe e.V. (2011): Wohnen heute. Beispiele für selbstbestimmtes Leben. 2. Aufl. Lebenshilfe Verlag, Marburg
Eine Broschüre, in der Menschen mit geistiger Behinderung in Worten und Bildern zeigen, wie sie wohnen. Geeignet, um mit einer Person mit geistiger Behinderung z. B. über den Auszug bzw. Umzug zu reden.

Sachregister

Leseprobe

Leseprobe aus
Sinikka Gusset-Bährer:
Demenz bei geistiger Behinderung

1 Einleitung

Frau A. und der Verlauf ihrer Demenzerkrankung

Frau A., eine freundliche und hilfsbereite Frau mit Down-Syndrom, konnte lesen, ein bisschen rechnen und schreiben. Sie war verhältnismäßig selbständig und nutzte die öffentlichen Verkehrsmittel selbständig. Frau A. lebte in einem Wohnheim und arbeitete in einer Werkstatt für behinderte Menschen (WfbM).

Als Frau A. 40 Jahre alt war, begann sie sich zu verändern. Die Mitarbeiter im Wohnheim berichteten, dass sie sich sozial zurückzöge, viel Zeit für die Erledigung von Aufgaben benötigte sowie passiv-aggressives Verhalten zeigte. Frau A. versteckte sich beispielsweise unter dem Tisch oder zerschnitt ihre Kleidung. Als sie 45 Jahre alt war, zog sie sich noch stärker von anderen zurück. Sie wurde beim Ladendiebstahl erwischt, und ihr Essverhalten hatte sich verändert: Nachts aß sie heimlich und hielt stur an bestimmten Nahrungsmitteln fest. Die Mitarbeiter hielten diese Veränderungen als charakteristisch für ihre exzentrische Persönlichkeit. Für den Neurologen waren diese Veränderungen zu wenig ausgeprägt, um die Diagnose Demenz stellen zu können. Als Frau A. 48 Jahre alt war, verirrte sie sich mehrmals in der Nachbarschaft, benutzte Speiseöl als Reinigungsmittel und warf ihr Blutdruckmessgerät in die Mülltonne. Die öffentlichen Verkehrsmittel konnte sie nicht mehr alleine nutzen. In Gruppensituationen sonderte sie sich ab, spielte mit ihren Fingern und schien nicht wahrzu-

reinhardt
www.reinhardt-verlag.de

nehmen, was um sie herum geschah. Die Mitarbeiter waren nicht sicher, ob Frau A. lediglich vorgab, nicht wahrzunehmen, was um sie herum passierte, oder ob sie tatsächlich desorientiert war. Schließlich wurde bei Frau A. eine Demenz vom Alzheimer-Typ diagnostiziert, und zwar in einem mittleren Stadium.

Rückblickend schien ihr Verhalten in den letzten Jahren auf eine Demenzerkrankung hinzuweisen. Ihr Umfeld versuchte nach der Diagnose, sich an ihre Bedürfnisse anzupassen und sie stärker zu unterstützen. Die Verwirrtheit und Vergesslichkeit von Frau A. nahmen zu. Gewohnte Tätigkeiten konnte sie immer weniger alleine ausführen. Mit 52 Jahren benötigte sie Unterstützung beim Anziehen, bei der Regulierung der Wassertemperatur beim Baden und beim Erledigen ihrer Aufgaben im Haushalt. Die nächsten Jahre kam Frau A. mit dieser Unterstützung gut zurecht. Mit 55 Jahren befand sich Frau A. in einem fortgeschrittenen Stadium der Demenz. Sie war völlig abhängig von ihren Bezugspersonen und hatte epileptische Anfälle. Da sie immer mehr Pflege benötigte, zog sie in eine Pflegeeinrichtung für Demenzkranke um. Ihre Angehörigen und Bezugspersonen erkannte sie nicht mehr. Im Alter von 57 Jahren starb sie. Eine Untersuchung des Gehirns nach ihrem Tod bestätigte die Diagnose Demenz vom Alzheimer-Typ (Devenny et al. 2005).

So wie Frau A. geht es auch anderen Menschen: Sie erkranken an einer Demenz. Aufgrund ihrer geistigen Behinderung fällt es Frau A. und auch ihrem Umfeld jedoch schwer, die Erkrankung zu erkennen und angemessen damit umzugehen: Die Mitarbeiter im Wohnheim, in dem sie lebt, nehmen ihre Veränderungen zwar wahr, können diese aber nicht als Symptome einer

Leseprobe
reinhardt
www.reinhardt-verlag.de

Leseprobe

Demenzerkrankung einordnen. Und aus Sicht des Neurologen präsentieren sich diese Veränderungen zu wenig deutlich, um sie als Symptome einer Demenzerkrankung werten zu können.

Da mit zunehmendem Lebensalter das Risiko ansteigt, an einer Demenz zu erkranken, werden in den nächsten Jahren viele Menschen mit geistiger Behinderung an einer Demenz erkranken. Denn Menschen mit geistiger Behinderung erreichen heute aufgrund der besseren generellen und medizinischen Versorgung ein höheres Lebensalter. Vor allem Personen mit Down-Syndrom haben von der Entdeckung der Antibiotika und der Entwicklung der modernen Herzchirurgie profitiert. Es häufen sich Berichte über Menschen mit Down-Syndrom, die über 70 Jahre oder sogar über 80 Jahre alt sind. Ihre Lebenserwartung wird auch in Zukunft ansteigen (Krinsky-McHale et al. 2008; Larsen/Kirkevold 2008; Braddock et al. 2004).

In Deutschland fehlen jedoch vielerorts Experten und Versorgungsstrukturen für demenzkranke Menschen mit geistiger Behinderung, die eine frühe Diagnose und eine angemessene Versorgung von Demenzkranken mit geistiger Behinderung gewährleisten können. Solche Versorgungsstrukturen müssen vielfältig gestaltet werden. Auch wenn die medizinische und pflegerische Versorgung mit Fortschreiten der Erkrankung an Bedeutung gewinnt, darf man sich bei ihrer Entwicklung nicht auf medizinische Aspekte beschränken. Gerade bei Demenzerkrankungen spielen die soziale Umgebung und die psychischen Aspekte eine wichtige Rolle. Der Demenzkranke sollte seine Identität auch in der schwierigen Situation, mit einer Demenzerkrankung leben zu müssen, erhalten können. Bis zum Ende seines Lebens ist es für ihn wichtig, nicht

reinhardt
www.reinhardt-verlag.de

Leseprobe

nur medizinisch und pflegerisch angemessen versorgt zu werden. Er muss sich mit Dingen beschäftigen können, die ihm wichtig sind, Erfolgserlebnisse haben, Wertschätzung und Anerkennung erfahren und in Beziehung zu anderen Menschen stehen. In diesem Buch werden häufige Formen von Demenzerkrankungen (Kap. 2), ihre Symptome (Kap. 3) und die Diagnosestellung einer Demenzerkrankung bei Menschen mit geistiger Behinderung (Kap. 4) dargestellt. Es wird auf das Erleben der Demenzerkrankung durch Demenzkranke mit geistiger Behinderung, durch Mitbewohner, Mitarbeiter und Angehörige eingegangen (Kap. 5). Der Lebensort des Demenzkranken und seine Lebensqualität stehen im 6. Kapitel im Mittelpunkt. Möglichkeiten, die Umwelt an die Bedürfnisse von Demenzkranken anzupassen, werden am Beispiel der Milieutherapie dargestellt (Kap. 7) gefolgt von therapeutischen Ansätzen (Kap. 8). Pflege und Palliative Care werden im 9. Kapitel thematisiert. Das letzte Kapitel befasst sich mit der Bewertung der Betreuung und Pflege von Demenzkranken mit geistiger Behinderung und der Entwicklung einer Versorgungsstruktur für Menschen mit geistiger Behinderung und Demenz in Deutschland. Die meisten Fallbeispiele in diesem Buch stammen aus der Fachliteratur, einige basieren auf den Erfahrungen der Autorin. In den Fallbeispielen werden die Personen, um die es geht, mit erfundenen Namenskürzeln bezeichnet.

Zur besseren Lesbarkeit wurde im Text auf die weibliche Form verzichtet. Natürlich sind stets beide Geschlechter gemeint.

reinhardt
www.reinhardt-verlag.de

Leseprobe

2 Formen von Demenzerkrankungen und ihre diagnostischen Kriterien

2.1 Syndromdefinition Demenz

Zur Diagnose einer Demenzerkrankung bei Menschen mit geistiger Behinderung wird die Klassifikation gemäß ICD-10 empfohlen. ICD-10 bedeutet International Statistical Classification of Diseases and Related Health Problems, 10. Version, und wird von der Weltgesundheitsorganisation (WHO) herausgegeben.

Die Kriterien der ICD-10 legen mehr Wert auf nonkognitive Aspekte der Demenzerkrankung, wie beispielsweise emotionale Labilität, Irritiertheit und Apathie, während die im DSM-IV (Diagnostic and Statistical Manual of Mental Disorders) dargestellten Kriterien sich stärker auf kognitive Bereiche stützen. Die nonkognitiven Aspekte lassen sich bei Menschen mit geistiger Behinderung besser beobachten, auch bei Personen mit schweren kognitiven Beeinträchtigungen. Auch in Anbetracht der Forschungsergebnisse, dass bei Personen mit Down-Syndrom und auch Menschen mit einer schweren geistigen Behinderung zu Beginn einer Demenzerkrankung die Verluste von praktischen Fähigkeiten im Vordergrund stehen können und nicht die Gedächtnisstörungen (s. Kap. 3.1), scheinen die Kriterien der ICD-10 geeigneter zu sein (Dilling / Freyberger 2010; Haveman 2005).

Die ICD-10 definiert Demenz als ein Syndrom, das die Folge einer meist chronischen oder fortschreitenden Krankheit des Gehirns ist. Bei einem Syndrom liegen gleichzeitig verschiedene Symptome vor, deren ursächlicher Zusammenhang mehr oder weniger bekannt ist oder vermutet werden

reinhardt
www.reinhardt-verlag.de

kann. Allerdings ist die Entstehung und Entwicklung unbekannt. Das Demenzsyndrom tritt auf bei der Alzheimer-Krankheit, bei zerebrovaskulären Störungen sowie bei anderen Zustandsbildern, die das Gehirn primär (direkt) oder sekundär (indirekt) betreffen.

Bei dieser Störung des Gehirns sind viele höhere kortikale, also in der Gehirnrinde liegende oder davon ausgehende Funktionen gestört, einschließlich Gedächtnis, Denken, Orientierung, Auffassung, Rechnen, Lernfähigkeit, Sprache, Sprechen und Urteilsvermögen im Sinne der Fähigkeit zur Entscheidung. Veränderungen der emotionalen Kontrolle, des Sozialverhaltens oder der Motivation begleiten normalerweise diese kognitiven Beeinträchtigungen. Es kann jedoch sein, dass diese Veränderungen bereits vor den kognitiven Beeinträchtigungen auftreten.

Leseprobe

Leseprobe (S. 11 – S. 14) aus:

Sinikka Gusset-Bährer
Demenz bei geistiger Behinderung
2., aktualisierte Auflage 2013.
252 Seiten.
(978-3-497-02381-3) kt

reinhardt
www.reinhardt-verlag.de

Welche Förderung braucht mein Kind?

Angelika Pollmächer /
Hanni Holthaus
Auf einmal ist alles anders!
Wenn Kinder in den ersten Jahren besondere Förderung brauchen
Mit einem Geleitwort von Otto Speck
2005. 111 Seiten.
(978-3-497-01774-4) kt

Wenn Eltern erfahren, dass mit ihrem Neugeborenen etwas nicht stimmt, sitzt der Schock tief. Möglicherweise ist das Kind von einer Behinderung bedroht, möglicherweise ist es behindert oder entwicklungsverzögert.

Angelika Pollmächer und Hanni Holthaus kennen diese Lage aus ihren eigenen Familien. Sie bieten in diesem Buch hilfreiche Informationen für die ersten Jahre des Zusammenlebens mit einem behinderten oder von Behinderung bedrohten Kind.

Lebendig geschrieben und mit Beispielen aufgelockert, hilft der Ratgeber Eltern, besondere Lösungen für ihr besonderes Kind finden.

reinhardt
www.reinhardt-verlag.de

Loslassen mit Handicap

Hanni Holthaus /
Angelika Pollmächer
Wie geht es weiter?
Jugendliche mit einer Behinderung werden erwachsen
Mit einem Geleitwort von
Werner Schlummer
2007. 157 Seiten.
(978-3-497-01933-5) kt

Was kommt auf Eltern zu, wenn ihr behindertes Kind erwachsen wird? Wie gelingt das Loslassen der Eltern und der Weg der Kinder in die Selbständigkeit, welche Verantwortung können die Jugendlichen übernehmen, wo sind die Eltern weiterhin gefordert?

Anschaulich schildern die Autorinnen aus eigenen Erfahrungen die Bereiche, die auch bei Jugendlichen ohne Behinderung Probleme aufwerfen können: Wo gibt es Ausbildungs- und Arbeitsplätze? Welche Wohnformen gibt es? Was gilt es rechtlich zu beachten?

Fallbeispiele und Erfahrungsberichte von Menschen mit und ohne Handicap runden diesen Ratgeber ab.

ℰV reinhardt
www.reinhardt-verlag.de

(K)ein Tabu?

Ilse Achilles
„Was macht Ihr Sohn denn da?“
Geistige Behinderung und Sexualität
Mit einem Vorwort von Joachim Walter
5., überarb. Auflage 2010. 138 S.
(978-3-497-02149-9) kt

Dass geistig behinderte Menschen ein Recht auf ihre Sexualität haben, ist wohl unumstritten. Helfer und Eltern allerdings sind auf den sexualpädagogischen Alltag mit geistig behinderten Menschen oft schlecht vorbereitet. Sie fühlen sich hilflos und suchen Antworten auf ihre drängenden Fragen: Wie kläre ich ein behindertes Kind auf? Welche Verhütungsmethode ist die beste? Wie kann ich die sexuelle Entwicklung sinnvoll unterstützen?

Ilse Achilles, Journalistin und Mutter eines geistig behinderten Jungen, gibt Antworten auf viele sexualpädagogische Alltags- und Spezialfragen. Eine wichtige Informationsquelle für alle, die geistig behinderten Menschen zu einem zwanglosen Umgang mit Sexualität verhelfen wollen.

reinhardt
www.reinhardt-verlag.de

Vergesst die Geschwister nicht!

Ilse Achilles
„... und um mich kümmert sich keiner!“
Die Situation der Geschwister behinderter und chronisch kranker Kinder
Mit einem Geleitwort von Waltraud Hackenberg
5., aktual. Auflage 2013. 192 S.
(978-3-497-02373-8) kt

Wenn in einer Familie Kinder mit und ohne Behinderung miteinander aufwachsen, sind nicht nur die Eltern gefordert. Auch die Geschwister sind beteiligt: wenn es darum geht, auf den autistischen Bruder aufzupassen, oder wenn sie zur Therapiestunde der geistig behinderten Schwester mitgenommen werden. Die Belastungen für die Geschwister können schwer wiegen, sie können aber auch eine Chance sein.

Ilse Achilles beschreibt, welche Chancen und Risiken mit der besonderen Familienkonstellation verbunden sind. Sie zeigt an vielen Beispielen, wie Eltern und soziales Umfeld die Entwicklung der Geschwister unterstützen und Gefährdungen vermeiden oder verringern können.

reinhardt
www.reinhardt-verlag.de

Menschen mit geistiger Behinderung

Marga Hogenboom
Menschen mit geistiger Behinderung besser verstehen
Angeborene Syndrome verständlich erklärt
Mit einem Geleitwort von Barbara Popp
3., durchges. Auflage 2010.
130 Seiten. Mit 8 Fotos
(978-3-497-02181-9) kt

Marga Hogenboom erklärt sehr persönlich, bisweilen im Charakter eines Tagebuches, verschiedene geistige Behinderungen, die auf genetischen Veränderungen basieren. Mit Portraits von Einzelpersonen führt die Autorin feinfühlig an die unterschiedlichen Behinderungen heran, geht auf das Alltagsleben der Betroffenen und ihrer Familien ein und lässt so den individuellen Menschen hinter der Behinderung lebendig werden.

Vor allem Eltern, aber auch Betreuer und Betreuerinnen finden in diesem informativen Buch eine wertvolle Hilfe zum Verständnis der Welt derer, die mit einer geistigen Behinderung leben.

reinhardt
www.reinhardt-verlag.de